Secure World Foundation

Manual para
Nuevos Actores en el Espacio

Editado por Christopher D. Johnson

ISBN: 978-0-578-67510-7

TABLA DE CONTENIDOS

ACERCA DE SECURE WORLD FOUNDATION

Secure World Foundation visualiza el uso pacifico, seguro y sostenible del espacio ultraterrestre contribuyendo a la estabilidad global en la Tierra. Secure World Foundation trabaja con gobiernos, industria, organizaciones internacionales y la sociedad civil para desarrollar y promover ideas y acciones que lleven a colaboraciones internacionales que logren el uso pacifico, seguro y sostenible del espacio ultraterrestre.

www.swfound.org

AGRADECIMIENTOS

Secure World Foundation contó con la asistencia de diversos expertos de gobiernos, agencias espaciales, industria privada y academia para la realización de este Manual. Este documento refleja la posición y puntos de vista de *Secure World Foundation* y no de aquellos expertos consultados, así que todos los errores u omisiones son enteramente responsabilidad de Secure World Foundation. Secure World Foundation esta sumamente agradecida con las siguientes personas por sus puntos de vista y contribuciones:

Participantes del Primer Taller de Trabajo
P.J. Blount, Dennis Burnett, Matt Duncan, Andrew D'Uva, Stephen Earle, Michael Gleason, Henry Hertzfeld, Karl Kensinger, Rich Leshner, Peter Marquez, Steve Mirmina, Clay Mowry, Mark Mulholland, Myland Pride, Ben Reed, Franceska Schroeder, Glenn Tallia, Gary Thatcher, y Jessica Young.

Participantes del Segundo Taller de Trabajo
Kahina Aoudia, Paul Frakes, Talal Al Kaissi, Jonathan Garon, Rich Leshner, Mike Lindsay, Philippe Moreels, Nobu Okada, Kevin Pomfret, Rajeswari Rajagopalan, y Kazuto Suzuki.

Expertos Externos
Laura Delgado López, Matt Duncan, Andrea Harrington, T.S. Kelso, T.J. Mathieson, Gerald Oberst, Greg Wyler, Tanja Masson-Zwaan, Mazlan Othman, y Satellite Associates.

Prof. Rosa Ma. Ramírez de Arellano y Haro

Coordinadora General de Asuntos Internacionales y Seguridad en Materia Espacial

Agencia Espacial Mexicana

Presidenta de COPUOS 2018-2019

PREÁMBULO

El espacio ultraterrestre contribuye como un facilitador de soluciones orientadas a diferentes propósitos, como la atención a las diferentes necesidades de la sociedad, el apoyo en la toma de decisiones y la creación de diversas políticas públicas por parte de los gobiernos, un motor para el desarrollo e innovación tecnológicas, al igual que un impulso en el sector industrial y otros sectores, para la creación de aplicaciones y servicios de alto valor agregado y, finalmente, la atención de los principales desafíos mundiales que nos conciernen a todos. Esto es conocido por los países en desarrollo que deciden comenzar a incursionar en actividades espaciales para la transición o diversificación de industrias consolidadas, como la aeroespacial, hacia una "era espacial".

La industria aeroespacial en América Latina ha crecido significativamente en los últimos años en países como Argentina, Brasil, Paraguay y México, entre otros. En el transcurso de la última década, México, por mencionar un ejemplo, se ha convertido en uno de los países más competitivos para la inversión productiva en el sector y, en la actualidad, se ha posicionado como el decimocuarto productor aeroespacial del mundo.

Gracias a la creación de agencias espaciales (o entidades similares) y a la implementación de una política espacial nacional en países en desarrollo, se establecen las bases que ayudan a estimular la innovación, tecnología e infraestructura necesarias para dar el salto a la consolidación de un sector espacial, tanto a nivel nacional como regional. En este sentido, se busca aprovechar las capacidades propias e introducir mecanismos para el desarrollo de nichos estratégicos, tales como puertos espaciales y vehículos de lanzamiento, como medios para facilitar el acceso al espacio.

Este manual se acerca a más países, a través de su versión en español, para proporcionar una visión holística de las actividades espaciales que cubre diferentes aspectos, desde cuestiones regulatorias hasta operacionales, y está destinado a nuevos participantes de la esfera espacial que desean aplicar buenas prácticas desde el principio dentro del sector, en constante evolución, en su más amplia expresión.

AGRADECIMIENTOS

Secure World Foundation está extremadamente agradecido con el siguientes contribuyentes a la tradicción al español del Manual para Nuevos Actores en el Espacio.

Agencia Espacial Mexicana, Carlos Enrique Alvarado, Victoria Carter-Cortez, Sergio Camacho, Laura Delgado López, Daniel Porras.

Michael K. Simpson, PhD

Director Ejecutivo
Secure World Foundation

PREFACIO

Derivado de la Guerra Fría y las tensiones entre los Estados Unidos y la Unión Soviética, comienza la carrera espacial hace casi 60 años. Cada potencia competía por lograr nuevas hazañas en el espacio y demostrar su superioridad. En 2017, aunque mucho permanece igual, mucho ha cambiado. Los actores espaciales abarcan una amplia variedad de entidades gubernamentales y no gubernamentales las cuales representan diversos raciocinios, objetivos y actividades. Más de 70 Estados, empresas comerciales y organizaciones internacionales operan actualmente más de 1,500 satélites en la órbita terrestre. Impulsados principalmente por los beneficios de la tecnología espacial y la reducción de barreras a la participación, el número de actores espaciales aumenta.

Esta expansión tiene diversas ventajas y desventajas. Por un lado, nos dirigimos a un gran incremento de innovaciones tecnológicas, a menores costos y a un mayor acceso a los servicios y facilidades que nos ofrecen los satélites. No obstante, el crecimiento acelerado en las actividades espaciales y la influencia de nuevos actores puede exacerbar las presentes amenazas para la sostenibilidad a largo plazo del espacio. Estas amenazas incluyen la saturación de órbitas, la interferencia de radiofrecuencias y las posibilidades de que ocurra un incidente en el espacio, provocando o intensificando las tensiones geopolíticas en la Tierra.

¿El creciente número de nuevos actores en el espacio desestabilizará el entorno espacial creando nuevas tensiones entre los países? ¿Puede una expansión pacífica del espacio permitir el florecimiento de la industria y el impulso a la creatividad? Los nuevos actores que "se unen al club", deben considerar las siguientes preguntas:

¿Cuál es el marco jurídico nacional e internacional que regula sus actividades espaciales?

¿Qué autoridades gubernamentales las regularán?

¿Qué derechos y responsabilidades tienen en el espacio?

¿A qué posibles responsabilidades se arriesgan debido a sus actividades espaciales?

¿De qué forma proporcionan supervisión los gobiernos a las actividades espaciales del sector privado?

¿Cuál es el propósito e importancia de las políticas nacionales espaciales?

¿Cuáles son los mecanismos que existen para coordinar las actividades nacionales espaciales entre las diferentes agencias y entidades?

¿Cuáles son los procedimientos operacionales estándar para los propietarios y los operadores en sus órbitas seleccionadas?

Secure World Foundation se enorgullece en presentar este Manual para Nuevos Actores en el Espacio, el cual tiene la intención de llegar a dos categorías de nuevos actores: los gobiernos nacionales que comienzan a desarrollar sus políticas y regulaciones nacionales espaciales y, compañías emergentes, universidades y todas aquellas entidades no gubernamentales que tienen sus primeras incursiones en las actividades espaciales.

El objetivo de este Manual es proporcionar a los nuevos actores una visión general de los principios fundamentales, leyes, normas y mejores prácticas para las actividades pacíficas, seguras y responsables en el espacio. Solo un enfoque pragmático y cooperativo del espacio puede asegurar que todos los países y personas obtengan los muchos beneficios que ofrecen las actividades espaciales.

CÓMO USAR ESTE LIBRO

Este Manual está estructurado en tres capítulos principales. Aunque están pensados para complementarse entre sí a fin de crear una amplia comprensión de las áreas de interés para los nuevos actores, ciertos capítulos y secciones serán del interés particular para algunos lectores, dependiendo de las actividades espaciales que deseen desarrollar y del papel que tienen en dichas actividades.

El Capítulo Uno se ocupa del orden jurídico y político internacional aplicable a las actividades espaciales y ofrece una introducción a los temas más relevantes del derecho espacial internacional y cómo se aplican a los Estados.

El Capítulo Dos examina cómo la política espacial nacional y la regulación nacional son aplicadas al espacio, comenzando con los fundamentos para desarrollar una política espacial y, en particular, cómo transmitir los objetivos a nivel internacional, brindando orientación a nivel nacional. El Capítulo incluye, además, un análisis de los aspectos más comunes de las legislaciones espaciales nacionales. Debido a que los gobiernos son directamente responsables de sus actividades espaciales nacionales, incluidas las actividades de las entidades no gubernamentales, como son las empresas o las universidades, la política y la regulación nacionales son muy importantes y tanto los gobiernos como los proyectos espaciales individuales deben tener un entendimiento común. Los gobiernos que inician sus capacidades espaciales o que comienzan a redactar sus políticas espaciales estarán satisfechos con la comprensión del Capítulo Dos.

El Capítulo Tres trata sobre las operaciones espaciales responsables, proporcionando una visión general del proceso, partiendo de la selección y coodinación de frecuencias previas al lanzamiento, revisión de la carga útil, los acuerdos de servicios entre proveedores de lanzamiento y operadores, y cuestiones relacionadas con la misión y el término de la misión. Más técnico que los Capítulos Uno o Dos, este último Capítulo explora el lado operativo de las actividades espaciales, siendo tal vez el más consultado por los nuevos operadores en el espacio, una vez que se han familiarizado con los Capítulos anteriores sobre derecho y políticas espaciales internacionales y nacionales.

Por último, si bien cualquiera de los diversos temas discutidos en este libro se encuentra en cientos de páginas de libros de texto, este Manual busca ser conciso y legible a la vez. En lugar de un compendio exhaustivo de cada faceta y matiz de este sector increíblemente rico, esta redacción es amplia e integral y contiene únicamente los principios y temas fundamentales.

Tanja Masson-Zwaan
Presidenta Emérita

Instituto Internacional
de Derecho Espacial

INTRODUCCIÓN

El espacio está cambiando. Las barreras para acceder a él están disminuyendo. La reducción de costos, menos infraestructura y menores barreras tecnológicas hacen que las actividades espaciales estén disponibles a más personas. De esta forma, programas más pequeños con menos personal permiten que más Estados y entidades participen en proyectos espaciales. Sin embargo, independientemente del tamaño de un proyecto espacial, el marco jurídico y regulatorio internacional existente sustenta y aplica a cualquier actividad espacial. Este régimen tiene décadas de antigüedad y fue creado en un contexto geopolítico diferente. Algunos piensan que no es adecuado para el siguiente medio siglo, ya sea porque es demasiado restrictivo o porque es poco claro en sus requerimientos.

Indudablemente el orden jurídico cambiará en los siguientes años y décadas y ojalá que sea en una forma en que permita que las actividades espaciales crezcan y se desarrollen. Por ahora, el entendimiento del marco jurídico internacional existente— que consiste en normas internacionales generales, tratados específicos aplicables a las actividades espaciales y diversas resoluciones de las Naciones Unidas y de grupos de trabajo como la Organización Internacional de Estandarización es esencial para concebir cómo un proyecto espacial puede proceder. Todos los nuevos actores en el espacio ya sean Estados soberanos que expanden sus capacidades espaciales, nuevas empresas privadas con intereses comerciales en el espacio o proyectos académicos y de investigación, deben estar conscientes del marco jurídico internacional, tal y como se examina en este Capítulo.

UNO | EL MARCO INTERNACIONAL PARA LAS ACTIVIDADES ESPACIALES

El Capítulo Uno se enfoca en los marcos jurídico y regulatorio internacionales, comenzando con los derechos y obligaciones establecidos en el Tratado del Espacio Ultraterrestre (OST, por sus siglas en inglés) y los subsecuentes tratados espaciales que lo amplían y desarrollan y, principalmente, las obligaciones de los tratados en términos de responsabilidad internacional del Estados y registro internacional de objetos espaciales. Enseguida se discute la gestión internacional de frecuencias, así como la percepción remota, los estándares de radiodifusión y las medidas internacionales de control de exportaciones. Posteriormente se analiza la responsabilidad del Estados y las diferentes vías de solución de controversias.

Más adelante, se abordan las diversas inquietudes ambientales internacionales, incluyendo la protección del ambiente terrestre, la contaminación al reingreso a la Tierra de las misiones espaciales, las fuentes de energía nuclear en el espacio, los desechos espaciales y la protección de los cuerpos celestes. Para concluir el Capítulo, se exploran otras cuestiones de fondo, como los aspectos no resueltos relativos a la falta de una definición legal sobre la delimitación del espacio ultraterrestre, el estatus jurídico y la protección de los seres humanos en el espacio, además de la utilización de los recursos espaciales.

Este marco internacional para el desarrollo de las actividades espaciales debe ser explorado y comprendido por los nuevos actores estatales que buscan comenzar o expandir sus competencias espaciales, así como por los nuevos actores no estatales como una debida diligencia para comprender de mejor forma los procesos de regulación.

LIBERTAD Y RESPONSABILIDAD

Tres principios esenciales se encuentran en el corazón del marco internacional de las actividades espaciales: la libertad de la exploración y uso del espacio, fines pacíficos y la responsabilidad del Estados. Estos principios, contenidos en los cinco tratados fundamentales del espacio forman la base del derecho espacial internacional del espacio y se reflejan en muchos de los otros mecanismos jurídicos y políticos que también constituyen el marco internacional de las actividades espaciales. Las siguientes secciones ofrecen un panorama general de cada principio.

| 3

Libertad de Exploración y Uso del Espacio

El espacio ultraterrestre es libre de ser explorado y ninguna nación o Estados puede restringir el acceso legítimo de otro Estados al espacio, para fines pacíficos. Esta libertad está consagrada en la fuente más importante del derecho espacial: el Tratado sobre los Principios que deben Regir las Actividades de los Estados en la Exploración y Utilización del Espacio Ultraterrestre, incluso la Luna y Otros Cuerpos Celestes, mejor conocido como el Tratado del Espacio Ultraterrestre.

Figura 1 – Firma del Tratado del Espacio. Anatoly F. Dobrynun, Embajador Soviético, Sir Patrick Dean, Embajador de Reino Unido, Arthur J. Goldberg, Embajador de los E.U., Lyndon B. Johnson, Presidente de los E.U. y otros observan que el Secretario de Estado de los E.U. Dean Rusk firma el Tratado del Espacio el 27 de enero de 1967 en Washington, DC.
Fuente: UNOOSA.

Como todos los tratados, el Tratado del Espacio equilibra los derechos con las obligaciones. Las libertades para usar y explorar el espacio están equilibradas con las obligaciones enumeradas a lo largo del Tratado. Estas obligaciones pueden considerarse obligaciones positivas, que requieren que un Estado realice ciertas acciones y, obligaciones negativas, que prohíben acciones. El Artículo I del Tratado del Espacio enumera estas importantes libertades y explica que:

> *"El espacio ultraterrestre, incluso la Luna y otros cuerpos celestes, estará abierto para su exploración y utilización a todos los Estados sin discriminación alguna, en condiciones de igualdad y en conformidad con el derecho internacional, y habrá libertad de acceso a todas las regiones de los cuerpos celestes".*

El acceso libre significa que los actores emergentes en el espacio tienen exactamente el mismo derecho para explorar y utilizar el espacio para fines pacíficos, como los actores que ya tienen actividades espaciales. La cláusula que precede al Artículo I de igual forma menciona que, la actividad de exploración y utilización del espacio ultraterrestre "incumbe a toda la humanidad".

Posteriormente, el Tratado del Espacio establece que el espacio ultraterrestre, *incluso la Luna y otros cuerpos celestes, estarán abiertos a la investigación científica, y los Estados facilitarán y fomentarán la cooperación internacional en dichas investigaciones"*. De hecho, la naturaleza misma del Tratado del Espacio fomenta la cooperación internacional y las investigaciones científicas como formas de promover la paz y la estabilidad entre las naciones del mundo.

Como la mayoría de los tratados internacionales, el preámbulo del Tratado del Espacio no contiene un lenguaje legal que establezca derechos, obligaciones o prohibiciones, sino más bien, el objeto y el propósito del tratado el ámbito que será abordado, la razón por la que está siendo redactado y lo que pretende establecer. El preámbulo del Tratado del Espacio explica los motivos y las aspiraciones que apoyan su creación, formalizando las razones por las que los Estados deciden crearlo; siendo estas las siguientes:

- Reconocer el interés común de la humanidad en el progreso de la exploración y uso del espacio ultraterrestre con fines pacíficos;
- Creer que la exploración y el uso pacífico del espacio ultraterrestre debe llevarse a cabo en beneficio de todos los pueblos, independientemente de su grado de desarrollo económico o científico;
- Desear contribuir al desarrollo de los aspectos científicos y jurídicos de la exploración y utilización del espacio ultraterrestre; y
- Creer que esta cooperación internacional impulsará el entendimiento mutuo y fortalecerá las relaciones de amistad entre los Estado y los pueblos.

Esta ideología contenida en el preámbulo del Tratado refleja las intenciones de los redactores por crear un nuevo instrumento jurídico internacional. El derecho espacial internacional debe leerse en el entendimiento de que éstas son las intenciones y aspiraciones detrás del Tratado del Espacio. Ninguna interpretación del derecho espacial (ya sea derecho internacional o nacional) debe eludir, subvertir o rechazar los motivos y propósitos enumerados anteriormente. De hecho, cualquier interpretación válida de los artículos del Tratado debe reflejar, adaptarse y servir a estos propósitos. Estas aspiraciones forman parte integral del

Tratado y deben siempre recordarse cuando se considera la libertad para acceder y explorar el espacio o tomar parte en cualquier otra actividad o uso del espacio.

Adicionalmente, debe tenerse en cuenta que las palabras "exploración" y "uso" se encuentran en el mismo título del Tratado del Espacio. El uso del espacio ultraterrestre, incluso de la Luna y de cualquier cuerpo celeste fue contemplado por los redactores y negociadores y forma parte de la libertad de acceso, exploración y uso, lo cual es reflejado en el Artículo I. Es importante recordar que la libertad para explorar el espacio ultraterrestre pertence a todos los Estado y, a través de ellos, a todos los pueblos del mundo. Ningún Estado puede evitar o restringir legalmente el acceso de un nuevo Estado al campo de las actividades espaciales pacíficas.

Si bien muchos tratados pueden abordar el tema de las actividades espaciales de manera tangencial, hay cinco tratados fundamentales, enumerados en la Tabla 1, que abordan las actividades espaciales de forma específica:

Los Cinco Tratados Fundamentales del Espacio			
Tratado	Adopción por la Asamblea General	Entrada en Vigor	Número de Estados ratificantes a enero de 2017
Tratado sobre los Principios que Deben Regir las Actividades de los Estados en la Exploración y Utilización del Espacio Ultraterrestre, incluso la Luna y otros Cuerpos Celestes *(Tratado del Espacio)*	1966	1967	105
Acuerdo sobre el Salvamento y la Devolución de Astronautas y la Restitución de Objetos Lanzados al Espacio Ultraterrestre *(Acuerdo sobre Salvamento)*	1967	1968	95
Convenio sobre la Responsabilidad Internacional por Daños Causados por Objetos Espaciales. *(Convenio sobre Responsabilidad)*	1971	1972	94
Convenio sobre el Registro de Objetos Lanzados al Espacio Ultraterrestre *(Convenio de Registro)*	1974	1976	63
Acuerdo que Debe Regir las Actividades de los Estados en la Luna y otros Cuerpos Celestes *(Acuerdo de la Luna)*	1979	1984	17

Tabla 1 – Tratados fundamentales del Espacio

Los Tratados Fundamentales

Los tratados espaciales fundamentales fueron negociados y redactados por La Comisión sobre el Uso Pacífico del Espacio Ultraterrestre (COPUOS, por sus siglas en inglés) de Naciones Unidas, un órgano permanente de los Estado miembros de Naciones Unidas, el cual ha considerado los aspectos políticos, legales y científicos de las actividades espaciales desde el comienzo de la era espacial. Los títulos de los Tratados en la Tabla 1 ilustran su enfoque básico y en gran parte amplían y pulen las disposiciones del Tratado principal, el Tratado del Espacio. Por ejemplo, el Acuerdo de 1968 sobre Salvamento y Devolución de Astronautas precisa los aspectos relacionados con la protección de astronautas, mientras que el Convenio sobre Responsabilidad de 1972 amplía de igual forma las disposiciones sobre la responsabilidad por daño incurrido en el lanzamiento y operación de objetos espaciales. El Convenio sobre Responsabilidad determina la absoluta responsabilidad por el daño físico sufrido en la superficie de la Tierra o a las aeronaves en vuelo y, establece un régimen de responsabilidad culposa para los objetos espaciales en el espacio ultraterrestre. Igualmente, el Convenio de Registro de 1975 hace obligatorio tanto el registro internacional como el establecimiento de registros nacionales de objetos espaciales.

La figura 2 muestra el crecimiento en el número de Estado que son parte de los tratados fundamentales, así como el éxito relativo de estos tratados comparándolos entre sí. Todos ellos fueron redactados desde mediados de la década de los sesenta hasta finales de los setenta y, aunque fue una época de amplia creación de estos instrumentos por parte de Naciones Unidas, esta etapa concluyó, así que en las décadas posteriores, Naciones Unidas ha utilizado las resoluciones de la Asamblea General para comunicar los principios sobre diversos temas relacionados con el espacio.

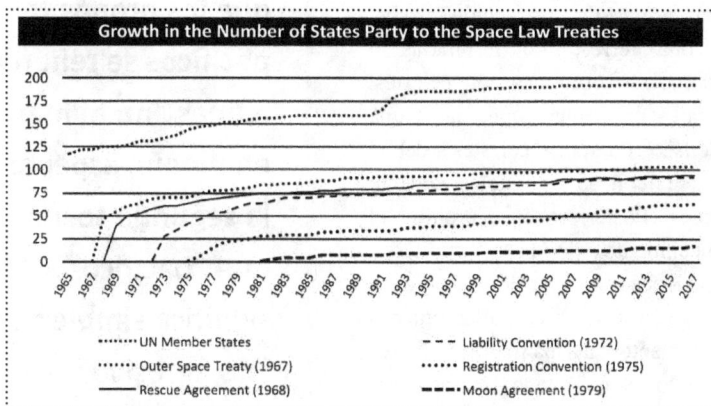

Figura 2 – Incremento en el Número de Estados Miembros en los Tratados del Espacio. Fuente: Secure World Foundation.

EL MARCO INTERNACIONAL

El Artículo III del Tratado del Espacio Ultraterrestre incorpora al derecho espacial dentro del cuerpo más amplío del derecho internacional. Por consiguiente, otras fuentes del derecho internacional público, incluida la Carta de Naciones Unidas, repercuten en el derecho espacial. Las prácticas de los Estados, aunado a los principios generales de derecho, también son válidas y a menudo aplicables. Por ejemplo, un principio general de derecho internacional puede resumirse como: "lo que no está explícitamente prohibido está permitido". La consecuencia de estas libertades expresas y su contexto en el vasto cuerpo del derecho internacional es la creación de un amplio espectro de libertad en el espacio ultraterrestre con sólo ciertas prohibiciones legales muy particulares y expresamente codificadas.

No obstante, al firmar y ratificar los tratados fundamentales, los Estados que buscan iniciar sus incursiones en el espacio, envían una señal al mundo de que los derechos y obligaciones del derecho espacial internacional son entendidos y aceptados y, además, subraya la seriedad e interés por comenzar sus actividades espaciales, lo cual demuestra de igual forma que buscan ser actores responsables y respetuosos del derecho espacial y que ya se han "unido al club" de las naciones con actividades espaciales.

Fines Pacíficos

El Artículo IV del Tratado del Espacio establece que los Estados deben abstenerse de colocar armas nucleares u otras armas de destrucción masiva en órbita terrestre o instalarlas o estacionarlas sobre cuerpos celestes. Además, menciona que la Luna y demás cuerpos celestes deben utilizarse con fines exclusivamente pacíficos. Posteriormente, prohíbe el establecimiento de bases militares, instalaciones o fortificaciones sobre los cuerpos celestes, así como las pruebas de armamento y las maniobras militares sobre ellos. Un Tratado Internacional

Ha existido un gran debate sobre la definición de fines pacíficos, donde figuran dos interpretaciones principales: la primera señala que los propósitos pacíficos se refieren a fines "no militares" en ningún aspecto; la segunda sostiene que "pacífico" significa simplemente "no agresivo"

previo, el Tratado de Prohibición Completa de los Ensayos Nucleares de 1963, prohíbe también a los Estados realizar pruebas de armas nucleares o llevar a cabo explosiones nucleares más allá de los límites de la atmósfera, incluido el espacio ultraterrestre.

Siempre ha habido aspectos militares y de seguridad en las actividades espaciales. Como tratado de seguridad negociado entre las potencias de la Guerra Fría, el Tratado del Espacio aborda la naturaleza de este uso dual de las capacidades espaciales. Desde que el Tratado entró en vigor, ha existido un gran debate sobre la definición de fines pacíficos, donde figuran dos interpretaciones principales: la primera señala que los propósitos pacíficos se refieren a fines "no militares" en cualquier aspecto; la segunda sostiene que "pacífico" significa simplemente "no agresivo". Esta última interpretación ha ganado gradualmente más aceptación. Sin embargo, las claras prohibiciones mencionadas anteriormente permanecen.

Así como otras fuentes del derecho internacional son aplicables a las actividades espaciales a través de su inclusión en el Artículo III del Tratado del Espacio Ultraterrestre, también la prohibición general sobre la amenaza o el uso de la fuerza entre los Estados miembros de Naciones Unidas es de igual manera aplicable al espacio ultraterrestre. El Artículo 2.4 de la Carta de Naciones Unidas, establece que:

> *"[l]os Miembros…, en sus relaciones internacionales, se abstendrán de recurrir a la amenaza o al uso de la fuerza contra la integridad territorial o la independencia política de cualquier Estado, o en cualquier otra forma incompatible con los Propósitos de las Naciones Unidas".*

Adicionalmente, los Artículos 39 a 51 abordan las amenazas y las violaciones de la paz, los actos de agresión, así como el derecho inherente a la defensa propia. Este régimen general de derecho internacional público entre Estados sustenta el régimen especial del derecho espacial, y crea las mismas prohibiciones y restricciones en el marco de un conflicto militar tanto en el espacio como en la Tierra. Sin embargo, existe una falta de consenso sobre las aplicaciones específicas del derecho internacional para los conflictos en el espacio, como existe en los dominios marítimo, el aéreo y terrestre.

Responsabilidad Internacional del Estado

Al hablar de los asuntos comunes del ser humano, generalmente los gobiernos no son responsables de las acciones que lleven a cabo sus ciudadanos. Si el ciudadano del país A viaja al país B y alguien en el país B quiere presentar una demanda contra el, no se nombra al gobierno del país A como acusado. En las relaciones usuales entre personas y gobiernos extranjeros, las personas tampoco son responsables de las acciones de sus gobiernos. No obstante, éste no es el caso si se trata de llevar a cabo actividades en el espacio ultraterrestre. De hecho, en las actividades relacionadas con el espacio exterior la situación se invierte.

De conformidad con el Articulo VI del Tratado del Espacio Ultraterrestre, los Estados son directamente responsables por todas sus actividades espaciales nacionales, ya sea que las actividades sean realizadas por el propio gobierno o bien, por cualquiera de sus ciudadanos o empresas, que sean lanzadas nacionalmente o, incluso, cuando sus nacionales posiblemente estén desarrollando actividades espaciales en el extranjero. La responsabilidad directa de los gobiernos nacionales es relativamente única en el derecho internacional. El Artículo VI del Tratado del Espacio Ultraterrestre establece que:

"Los Estados Partes en el Tratado serán responsables internacionalmente de las actividades nacionales que realicen en el espacio ultraterrestre, incluso la Luna y otros cuerpos celestes, los organismos gubernamentales o las entidades no gubernamentales, y deberán asegurar que dichas actividades nacionales se efectúen en conformidad con las disposiciones del presente Tratado".

La segunda parte menciona lo siguiente:

"Las actividades de las entidades no gubernamentales en el espacio ultraterrestre, incluso la Luna y otros cuerpos celestes, deberán ser autorizadas y fiscalizadas constantemente por el pertinente Estado Parte en el Tratado".

Debido a que la responsabilidad directa y la potencial obligación internacional de todas las actividades nacionales es bastante amplia y relativamente única, dicha responsabilidad y obligación deben tenerse en cuenta siempre que se considere realizar actividades espaciales. El deber de llevar a cabo las actividades espaciales de conformidad con el Tratado del Espacio actúa en este caso como una disposición que delimita las libertades de acceso, exploración y uso del Artículo I. Cuando las actividades espaciales causan daño físico en tierra, a las aeronaves en vuelo o a objetos espaciales en el espacio, entonces la mera responsabilidad internacional se extiende a una obligación internacional, una cuestión por separado pero relacionada, la cual se desarrolla en este apartado: Responsabilidad Internacional. Hoy en día, diversas actividades espaciales son de naturaleza internacional y en cualquier proyecto espacial multinacional todos los Estados están bajo estas obligaciones. Esta responsabilidad internacional expansiva del Estados es el incentivo para desarrollar políticas y legislaciones espaciales a nivel nacional, que es el tema del Capítulo Dos.

REGISTRO DE OBJETOS ESPACIALES

Además de la responsabilidad internacional sobre las actividades nacionales y la potencial responsabilidad internacional por daños causados a otros Estados, el registro es una obligación impuesta a los Estados debido a sus actividades espaciales. El seguimiento de cuáles Estados son los responsables de determinadas actividades se apoya en el registro nacional e internacional de los objetos espaciales.

El registro internacional de los objetos espaciales se solicitó por primera vez a través de la resolución 1721 B (XVI) de la Asamblea General de las Naciones Unidas (AGNU) , adoptada por Naciones Unidas a comienzos de la era espacial en 1961. Esta resolución insta a los Estados que lanzan objetos espaciales, a que proporcionen de manera puntual información sobre el lanzamiento a fin de que Naciones Unidas pueda mantener un registro público. Este registro internacional fue destinado a ayudar a que los Estados determinaran qué actividades en el espacio estaban siendo realizadas por otros Estados. Si bien la intención original de esta resolución era ayudar a prevenir colisiones en el espacio, hoy en día esta notificación voluntaria a Naciones Unidas es una medida de transparencia y fomento de la confianza (TCBM, por sus siglas en inglés), ya que notificar al resto del mundo sobre sus lanzamientos también ayuda a demostrar que un Estado es abierto respecto de sus actividades.

Mientras que la Resolución 1721 B (XVI) de la AGNU no es legalmente vinculante y no impone obligaciones a los Estados, el registro internacional de objetos espaciales lanzados al espacio fue declarado obligatorio en 1975 con el Convenio de Registro, al menos en lo que respecta a los Estados que son parte de este convenio. En 2017, 63 eran los Estados parte del Convenio de Registro, incluidas todas las históricas potencias espaciales (aunque bastante menos que el número de Estados que son parte del Tratado del Espacio).

Los Artículos III y IV del Convenio de Registro exhortan al Secretario General de las Naciones Unidas a establecer un registro de objetos espaciales de libre acceso para todos. El Articulo IV establece que cualquier Estado de lanzamiento que registre su objeto lanzado al espacio en un registro nacional debe también comunicar al Secretario General cierta información a fin de conformar el registro internacional. Esta información es:

- Nombre del Estado (o Estados) de lanzamiento
- La designación adecuada del objeto espacial o su número de registro
- Fecha y territorio o ubicación de lanzamiento
- Parámetros orbitales básicos, incluidos:
  - Período nodal
  - Inclinación
  - Apogeo
  - Perigeo
- Función general del objeto espacial

Los demás requerimientos incluyen dotar a Naciones Unidas con información complementaria, además de informar sobre los objetos que ya no se encuentran en órbita terrestre. En representación del Secretario General, la Oficina de las Naciones Unidas para Asuntos del Espacio Ultraterrestre (OOSA, por sus siglas en inglés), es la encargada de este registro internacional, establecido, como ya se mencionó, por el Convenio de Registro, así como del registro de objetos, en virtud de la Resolución 1721 B (XVI) de la AGNU. Para los Estados que no son parte del Convenio, el registro internacional puede realizarse de conformidad con dicha Resolución.

OOSA cuenta con un formato estándar para ambos registros y recomienda que sea utilizado por los Estados (ver Figura 3). La información de registro requerida no es demasiado detallada.

Resolución 62/101 de la AGNU

El formulario de registro (Figura 3) hace referencia a la Resolución 62/101 de la AGNU de 2007 titulada "Recomendaciones para mejorar la práctica de los Estados y las organizaciones internacionales intergubernamentales en el registro de objetos espaciales", pues dicha resolución manifiesta el interés de que los Estados ofrezcan información adicional con respecto a sus objetos espaciales, incluyendo la actualización de sus circunstancias, es decir, un cambio de la función, un status no funcional, un cambio de la posición orbital o un traslado a una órbita para su eliminación, así como los cambios en el status de su propietario, operador o del objeto espacial en sí. Esta acción de actualizar información a Naciones

Unidas es un avance clave y tiene repercusiones para la realización de actividades espaciales más avanzadas o complejas, como lanzamientos con múltiples Estados de lanzamiento, para los servicios satelitales o bien, , para dar servicio a satelital en órbita o bien, para la eliminación de basura espacial en el futuro.

Registro Nacional

El Articulo VIII del Tratado del Espacio no se refiere al registro internacional, sino más bien, trata sobre el registro nacional, indicando que un:

> *"Estado Parte en el Tratado, en cuyo registro figura el objeto lanzado al espacio ultraterrestre, retendrá su jurisdicción y control sobre tal objeto, así como sobre todo el personal que vaya en él, mientras se encuentre en el espacio ultraterrestre o en un cuerpo celeste. El derecho de propiedad de los objetos lanzados al espacio ultraterrestre, incluso de los objetos que hayan descendido o se construyan en un cuerpo celeste, y de sus partes componentes, no sufrirá ninguna alteración mientras estén en el espacio ultraterrestre, incluso en un cuerpo celestre, ni en su retorno a la Tierra".*

En un ámbito donde la soberanía del Estado está ausente, la intención de este Artículo es proporcionar un componente crucial de esta soberanía del Estado, es decir, la jurisdicción. El derecho de un Estado a ejercer jurisdicción sobre sus objetos espaciales depende de que ese Estado registre sus objetos lanzados en un registro nacional. Cada Estado debería consolidar ese derecho internacional en su legislación nacional.

Consagrar en un tratado internacional el derecho de ejercer poderes jurisdiccionales de manera extraterritorial a través de un registro nacional otorga a los Estados un incentivo para establecer registros nacionales con información sobre sus objetos espaciales. Al hacerlo, se fomenta la transparencia de las actividades espaciales, y si los registros nacionales pueden ser consultados públicamente, es posible determinar cuál objeto espacial pertenece a que país.

Adicionalmente, se encuentran las secciones finales del Artículo VIII, donde se establece que los Estados conservan la propiedad de sus objetos espaciales lanzados y sus partes componentes mientras se encuentran en el espacio ultraterrestre y al regreso a la Tierra. Los Estados que se convierten en parte del Tratado del Espacio y los tratados subsecuentes deben considerar la posibilidad de establecer y mantener registros espaciales nacionales.

Parte A: Información facilitada de conformidad con el Convenio sobre registro o la resolución 1721 B (XVI) de la Asamblea General

Nuevo registro de un objeto espacial	Sí ☐	Sírvase marcar la casilla, si corresponde
Información adicional sobre un objeto espacial registrado anteriormente (las fuentes de referencia figuran *infra*)	Presentada de conformidad con el Convenio: ST/SG/SER.E/ _____	Signatura del documento de las Naciones Unidas en que los datos de registro presentados anteriormente se distribuyeron a los Estados Miembros
	Presentada de conformidad con la resolución 1721B: A/AC.105/INF. _____	

Estado o Estados u organización intergubernamental internacional de lanzamiento

Estado de registro u organización intergubernamental internacional		De conformidad con el Convenio sobre registro, solo puede haber un Estado de registro por objeto espacial. Véase el anexo
Otros Estados de lanzamiento (en caso de aplicarse. Véanse las notas adjuntas.)		

Designación

Nombre	
Designación internacional del COSPAR (las fuentes de referencia figuran *infra*)	
Designación nacional/número de registro en el Estado de registro	

Fecha y territorio o lugar de lanzamiento

			hrs	min	seg	
Fecha de lanzamiento (horas, minutos, segundos - opcional)	dd/mm/aaaa					Hora universal coordinada (UTC)
Territorio o lugar de lanzamiento (las fuentes de referencia figuran *infra*)						

Parámetros orbitales básicos

Período nodal		minutos
Inclinación		grados
Apogeo		kilómetros
Perigeo		kilómetros

Función general

Función general del objeto espacial (si se necesita más espacio, se puede incluir más texto en una página por separado, en formato MSWord)	

Cambio de situación

			hrs	min	seg	
Fecha de desintegración / reentrada / desorbitación (horas, minutos, segundos - opcional)	dd/mm/aaaa					Hora universal coordinada (UTC)

Figura 3 - Formulario de Registro Internacional de OOSA   Fuente: UNOOSA

Fuentes de información	
Documentos de registro de las Naciones Unidas	http://www.unoosa.org/oosa/SORegister/docsstatidx.html
Designaciones internacionales del COSPAR	http://nssdc.gsfc.nasa.gov/spacewarn/
Texto del Convenio sobre registro y resolución 1721 B (XVI)	http://www.unoosa.org/oosa/SORegister/resources.html
Lugares de lanzamiento a nivel mundial	http://www.unoosa.org/oosa/SORegister/resources.html
Índice en línea de objetos lanzados al espacio ultraterrestre	http://www.unoosa.org/oosa/osoindex.html

Parte B: Información suplementaria que se podrá incluir en el Registro de las Naciones Unidas de objetos lanzados al espacio ultraterrestre, como se recomienda en la resolución 62/101 de la Asamblea General

Modificaciones de la situación de las operaciones					
Fecha en que un objeto espacial ha dejado de estar en funcionamiento (horas, minutos, segundos - opcional)	dd/mm/aaaa	hrs	min	seg	Hora universal coordinada (UTC)
Fecha del traslado de un objeto espacial a una órbita de eliminación (horas, minutos, segundos - opcional)	dd/mm/aaaa	hrs	min	seg	Hora universal coordinada (UTC)
Condiciones físicas en el momento del traslado del objeto espacial a una órbita de eliminación (véanse las directrices de la Comisión para la reducción de desechos espaciales)					

Parámetros orbitales básicos		
Ubicación en la órbita geoestacionaria (prevista/real, en caso de aplicarse)		grados este

Más información	
Sitio web:	

Parte C: Información relacionada con la transferencia del control de un objeto espacial, como se recomienda en la resolución 62/101 de la Asamblea General

Transferencia del control de un objeto espacial					
Fecha de transferencia del control (horas, minutos, segundos - opcional)	dd/mm/aaaa	hrs	min	seg	Hora universal coordinada (UTC)
Identificación del nuevo propietario o entidad explotadora					
Cambio de la posición orbital					
Posición orbital anterior					grados este
Nueva posición orbital					grados este
Cambio de la función del objeto espacial					

Figura 3 - Formulario de Registro Internacional de OOSA   Fuente: UNOOSA

Parte D: Información suplementaria facultativa que se podrá incluir en el Registro de las Naciones Unidas de objetos lanzados al espacio ultraterrestre		
Información básica		
Propietario o entidad explotadora del objeto espacial		
Vehículo de lanzamiento		
Cuerpo celeste en torno al cual describe su órbita el objeto espacial (sírvase especificar, si no se trata de la Tierra)		
Más información (información que el Estado de registro estime oportuno facilitar a las Naciones Unidas)		

Fuentes de información	
Resolución 62/101 de la Asamblea General	http://www.unoosa.org/oosa/SORegister/resources.html
Directrices de la Comisión para la reducción de desechos espaciales	http://www.unoosa.org/oosa/SORegister/resources.html
Texto del Convenio sobre registro y de las resoluciones pertinentes	http://www.unoosa.org/oosa/SORegister/resources.html

Figura 3 - Formulario de Registro Internacional de OOSA   Fuente: UNOOSA

Actualmente, más de 30 Estados mantienen registros espaciales nacionales, y algunos de ellos los hacen disponibles en línea (aunque esto no es un requisito). Si bien las organizaciones internacionales no pueden ser parte del Convenio de Registro, la Agencia Espacial Europea (ESA, por sus siglas en inglés) y la Organización Europea para la Explotación de Satélites Meteorológicos (EUMETSAT, por sus siglas en inglés) también mantienen registros de sus objetos espaciales. Como un método para ejercer jurisdicción sobre los objetos espaciales lanzados, el registro nacional es un componente importante de los requerimientos de supervisión y responsabilidad de un Estado. El registro nacional se discute más a fondo en el Capítulo Dos: Registro Nacional.

Lanzamientos Suborbitales

La Convención de Registro establece el registro de objetos "*lanzados en órbita terrestre o más allá*", al igual que la anterior resolución de la AGNU. Sin embargo, no existe un requerimiento internacional o un llamamiento a registrar objetos que sólo han sido lanzados para operaciones suborbitales. La forma en cómo lidiar con las actividades suborbitales es una pregunta abierta que los nuevos actores deberán considerar desde la perspectiva del registro, ya que este registro puede influir en si las actividades suborbitales se consideran como "actividades espaciales".

En la medida en que las actividades suborbitales de un Estado se lleven a cabo únicamente sobre su espacio aéreo nacional y no estén involucrados otros aspectos o elementos internacionales, estas actividades suborbitales parecen ser entonces puramente actividades espaciales nacionales de un solo Estado. Por lo tanto, los lanzamientos que alcanzan una mayor altitud que algunas órbitas, pero con una velocidad insuficiente o que están colocados en una trayectoria parabólica y regresan a la Tierra, no se consideran "orbitales". A la fecha, muchos Estados no han tomado una decisión legal sobre hasta qué punto el derecho espacial internacional es aplicable a las actividades suborbitales.

La forma en cómo lidiar con las actividades suborbitales es una pregunta abierta que los nuevos actores deberán considerar desde la perspectiva del registro, ya que este registro puede influir en si las actividades suborbitales se consideran como "actividades espaciales"

No obstante, uno de los objetivos principales del registro internacional es "alertar" al mundo sobre las actividades espaciales de un Estado. En consecuencia, el cumplimiento de los requerimientos del registro internacional mencionados anteriormente garantiza los objetivos de transparencia internacional y fomento de la confianza en las actividades espaciales nacionales.

GESTIÓN INTERNACIONAL DE FRECUENCIAS

Las naves espaciales se comunican utilizando frecuencias en el espectro electromagnético, las cuales están limitadas por la física. Por consiguiente, la coordinación de frecuencias y la asignación entre los usuarios es uno de los procesos más importantes para la operación exitosa de un proyecto espacial.

La Unión Internacional de Telecomunicaciones (UIT) es un organismo especializado y el más antiguo dentro del sistema de Naciones Unidas. Tiene su origen en los sindicatos postales internacionales de mediados del siglo XIX. En la actualidad, la UIT tiene más de 190 Estados miembros, los cuales son parte de sus principales tratados: la Constitución y el Convenio de la UIT. Desde el inicio de la era espacial, la UIT ha contribuido a la exploración y uso del espacio a través de la coordinación internacional y la asignación de frecuencias. Tiene la tarea de garantizar el uso racional, equitativo, eficiente y económico del espectro de radiofrecuencias. Esta tarea es conducida principalmente por el sector de Radiocomunicaciones de la UIT (UIT-R), el cual administra, además, las posiciones orbitales (también denominadas "slots") en la órbita geoestacionaria de la Tierra (GEO, por sus siglas en inglés). La órbita GEO es un recurso natural limitado en el sentido de que su uso para aplicaciones satelitales requiere de la coordinación entre los usuarios para evitar el congestionamiento y el mal uso.

La UIT-R tiene a su cargo el Reglamento de Radiocomunicaciones de la UIT, el cual comprende los reglamentos administrativos para los servicios de radiocomunicaciones, así como los servicios de radiocomunicación por satélite. El Reglamento de Radiocomunicaciones incluye el Registro Maestro Internacional de Frecuencias (MIFR, por sus siglas en inglés), que contiene todas las frecuencias coordinadas, el cual debe ser consultado en etapas muy tempranas de un proyecto espacial, al considerar cual frecuencia o frecuencias utilizarán los sistemas espaciales y las estaciones terrenas de dicho proyecto.

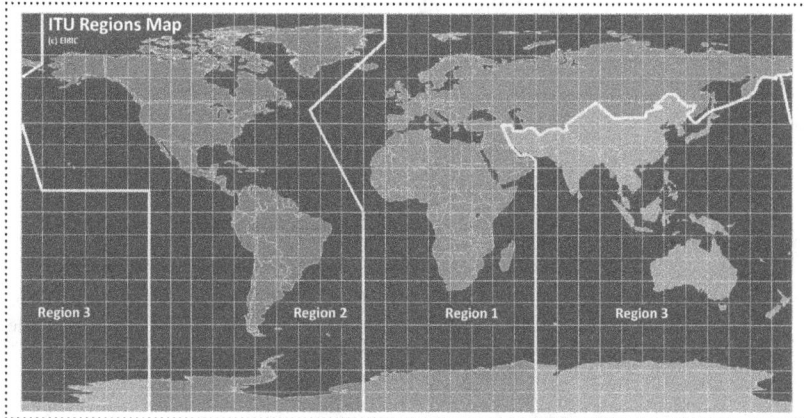

Figura 4 - Regiones del Mundo de la UIT
   Fuente: UIT.

La UIT divide al mundo en tres regiones administrativas, como se muestra en la Figura 4. La Región 1 incluye a Europa, África, los antiguos países de la Unión Soviética y Mongolia. La Región 2 comprende el Continente Americano y Groenlandia. La Región 3 es el resto de Asia, Australasia y el Pacífico. Cada región administrativa ha destinado frecuencias particulares a tecnologías y servicios específicos, mientras que la UIT ha asignado una serie de frecuencias para actividades espaciales concretas, incluidas frecuencias para exploración de la Tierra, meteorología, radioastronomía, telecomunicaciones de emergencia, radionavegación, operaciones espaciales, investigación espacial y satélites aficionados.

El espectro de radiofrecuencia se divide en bandas que se asignan exclusivamente o que comparten varias aplicaciones. Las aplicaciones con amplio uso internacional cuentan con asignaciones exclusivas. La porción compartida del espectro está disponible para uno o más servicios, ya sea a nivel mundial o regional. Dentro de las bandas compartidas, los diferentes servicios se clasifican en primarios o secundarios. Los servicios primarios gozan de derechos superiores respecto de los servicios secundarios.

El Reglamento de Radiocomunicaciones requiere que los servicios secundarios:

- no causen interferencia perjudicial a las estaciones de los servicios primarios, cuyas frecuencias ya están asignadas o pueden ser asignadas en una fecha posterior;

- no pueden reclamar protección por la interferencia perjudicial de las estaciones o de un servicio primario al que ya se le asignaron las frecuencias o que pueden asignarse en una fecha posterior;

- Sin embargo, pueden reclamar protección por interferencia perjudicial de estaciones del mismo servicio u otros servicios secundarios, a los que se pueden asignar frecuencias en una fecha posterior.

La Figura 5 muestra la distribución de las aplicaciones en las diferentes partes del espectro, cada una de las cuales también depende de la región del mundo en la que ese uso esté ubicado.

Los administradores nacionales implementan y aplican el Reglamento de Radiocomunicaciones de la UIT a nivel nacional. A continuación, se presenta una discusión más profunda en el Capítulo Dos, en donde se aborda del procedimiento de coordinación con la UIT a través de los administradores nacionales, y en el Capítulo Tres, donde se detalla la coordinación entre operadores y administradores nacionales y entre los mismos operadores.

Conferencia Mundial de Radiocomunicaciones

Las Conferencias Mundiales de Radiocomunicaciones (CMRs) se celebran cada tres o cuatro años bajo el auspicio de la UIT-R. Su propósito es permitir que los Estados miembros examinen y revisen el tratado que regula el uso del espectro de radiofrecuencias y la órbita de satélites geoestacionarios y no geoestacionarios. Esta conferencia de un mes, a la que asisten miles de participantes, es el foro principal a través del cual se examinan y realizan las asignaciones de frecuencia para aplicaciones terrestres, aéreas y espaciales. Como tal, las decisiones tomadas en la CMR pueden tener un impacto significativo en la disponibilidad de los recursos del espectro para los operadores de satélites.

La CMR determina además las "cuestiones" que serán analizadas por la Asamblea de Radiocomunicaciones y sus Grupos de Estudio, en preparación para las futuras CMRs. Debido a que las agendas y los temas se establecen con bastante anticipación, los nuevos actores espaciales deben determinar qué áreas de estudio podrían afectar las planeaciones de sus proyectos y sus necesidades de espectro y, si ellos mismos deben abogar por cambios en el Reglamento de Radiocomunicaciones, para adaptarse a sus planes futuros.

Las empresas y otros actores interesados pueden convertirse en miembros de la UIT, lo que les permite ser observadores en las reuniones y contribuir desde su perspectiva industrial.

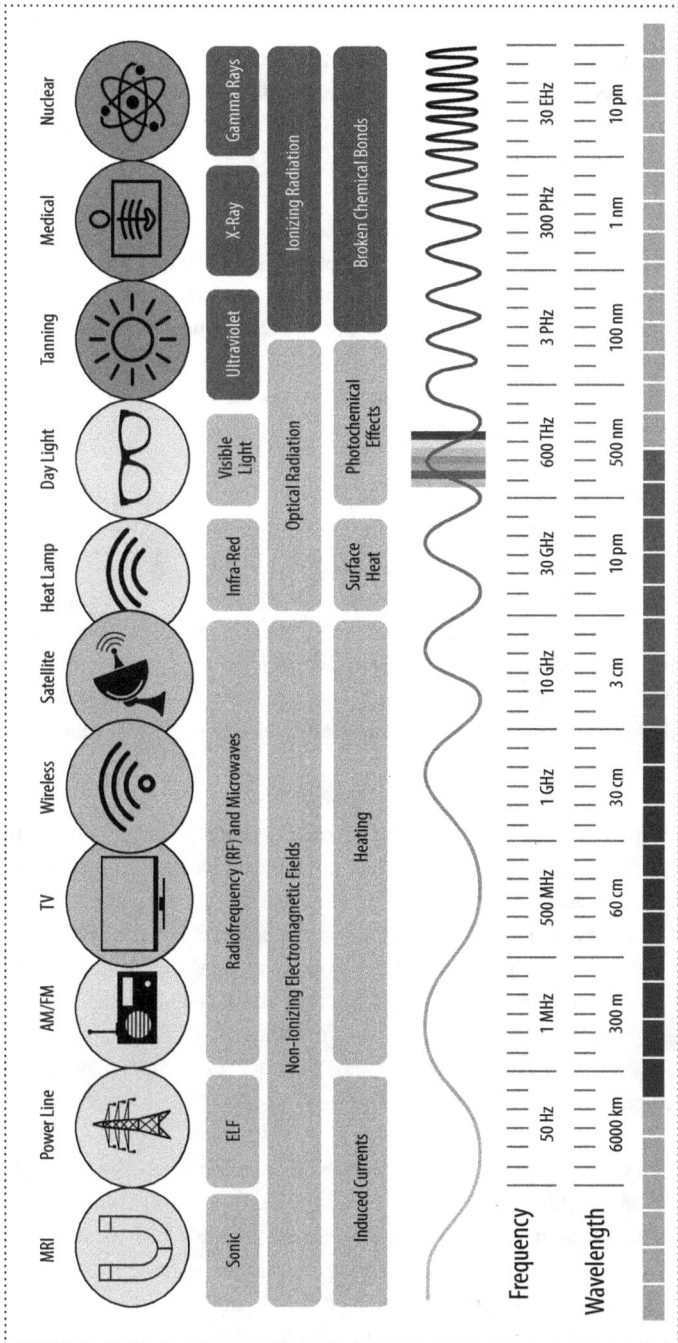

Figura 5 - El Espectro Electromagnético, Incluidos los Usos a lo largo del Espectro

Fuente: Secure World Foundation

Grupo de Coordinación de Frecuencias Espaciales

Un grupo adicional muy notable es el Grupo de Coordinación de Frecuencias Espaciales (SFCG, por sus siglas en inglés) que es un grupo informal de administradores de frecuencia provenientes de agencias espaciales civiles. El grupo celebra reuniones anuales con el propósito de crear acuerdos administrativos y técnicos sobre las bandas asignadas, a fin de evitar interferencias en el sector espacial. Durante las reuniones del SFCG se adoptan resoluciones y recomendaciones que contienen estos acuerdos técnicos y administrativos para que las agencias espaciales hagan el mejor uso de las bandas asignadas y evitar así la interferencia. Las recomendaciones del SFCG no son formalmente vinculantes y su efectividad depende de la aceptación e implementación voluntaria por parte de las agencias que son parte del Grupo.

Comunicaciones Láser

En los últimos años, ha habido un avance considerable en el desarrollo de los sistemas de comunicación láser de satélites. A diferencia de las radiocomunicaciones, las cuales utilizan señales en la parte de las ondas de radio del espectro electromagnético, las comunicaciones láser emplean señales en la parte óptica del espectro. Las tecnologías láser han sido demostradas para comunicaciones entre estaciones terrestres y satélites que orbitan la Tierra, entre dos satélites que orbitan la Tierra y entre satélites que orbitan la Luna y Marte y las estaciones terrestres.

Existen importantes diferencias entre las radiocomunicaciones tradicionales por satélite y las comunicaciones láser. Las comunicaciones láser se encuentran en una línea de vista, es decir que existe una línea directa y clara entre el emisor y receptor. Esto significa, por un lado, que las comunicaciones láser no pueden transmitir en un amplio espacio de recepción; no obstante, esto hace por otro lado que, las comunicaciones láser sean mucho más difíciles de interceptar, existiendo muy pocas posibilidades de interferencia involuntaria. Las comunicaciones láser utilizan, además, frecuencias mucho más altas que las radiocomunicaciones, lo que significa que pueden transportar muchos más datos.

Las comunicaciones láser plantean cuestiones significativas para la regulación internacional. Según las disposiciones adoptadas por la UIT, los satélites que utilizan comunicación láser no requieren actualmente de una licencia. La Junta del Reglamento de Radiocomunicaciones se limita a regular el espectro de radiofrecuencia utilizado para las aplicaciones de radiodifusión y no contempla las comunicaciones láser. Sin embargo, algunos tienen la impresión de que la definición de la comunicación por satélite debería ampliarse y cubrir también a las comunicaciones láser, ya que la asignación de las licencias de espectro es hoy en día una de las pocas maneras de regular las actividades espaciales.

PERCEPCIÓN REMOTA

Cada Estado goza de soberanía sobre su territorio y, por tal motivo, tienen la inquietud de que otros vigilen lo que esta sucediendo dentro de su jurisdicción, ya sea para fines comerciales, políticos o militares. Así que, mientras que el espacio es libre de ser explorado, muchos Estados se sienten incómodos por el hecho de que las naves espaciales giren sus cámaras hacia la Tierra, permitiendo a Estados vecinos obtener información.

A la fecha, ningún tratado internacional regula directamente la percepción remota. En su lugar, un número de resoluciones de la AGNU establecen ciertos principios relevantes para la percepción remota. La Resolución 41/65 de la AGNU de 1986 se relaciona con quince principios que los Estados pueden incorporar en dichas actividades. En primer lugar, esta resolución establece una diferencia entre "datos primarios" y "datos procesados". Los datos primarios se refieren a aquellos "datos brutos que son adquiridos por sensores remotos llevados por un objeto espacial y que son transmitidos o entregados a Tierra desde el espacio". Por otro lado, los datos procesados se refieren a "los productos que resultan del procesamiento de los datos primarios". La información analizada se define como la "información resultado de la interpretación de los datos procesados, la introducción de datos y el conocimiento de otras fuentes".

El principio XII de la resolución 41/65 de la AGNU es tal vez el más importate de los principios de la percepción remota, ya que logra un equilibrio entre la libertad de exploración del espacio y las inquietudes que tienen los Estados de ser observados ("Estados teleobservados"):

> *Tan pronto como sean producidos los datos primarios y los datos elaborados que correspondan al territorio bajo su jurisdicción, el Estado observado tendrá acceso a ellos sin discriminación y a un costo razonable. Tendrá acceso, asimismo, sin discriminación y en idénticas condiciones a la información analizada disponible que corresponda al territorio bajo su jurisdicción y que posea cualquier Estado que participe en actividades de percepción remota en las mismas bases y términos, tomando en cuenta particularmente las necesidades e intereses de los países en desarrollo.*

Si bien la resolución 41/65 no es vinculante, tiene la intención de reflejar las mejores prácticas de los Estados con actividades espaciales. Sin embargo, más allá de esta resolución, el intercambio de información es el que se ha convertido en el principio clave en las actividades de percepción remota debido a un reconocimiento temprano de los vínculos entre la accesibilidad a dicha información y los beneficios sociales, el progreso científico y las aplicaciones comerciales.

El intercambio de datos abiertos a nivel internacional se ha mantenido específicamente para datos meteorológicos mundiales y productos afines, tal como se adoptó en la Resolución 40 de la Organización Meteorológica Mundial (OMM). El Grupo de Observaciones de la Tierra (GEO, por sus siglas en inglés) es una asociación de gobiernos y organizaciones que trabajan con miras a una observación e información coordinada, integral y constante, promoviendo activamente el intercambio libre y completo de datos abiertos de observación con el fin de abordar los desafíos a nivel mundial, regional, nacional y local.

ESTÁNDARES INTERNACIONALES

Los estándares internacionales son aceptados en diversos campos con el fin de proporcionar seguridad, confiabilidad y calidad, los cuales se han implementado progresivamente en el campo espacial. Un estándar es simplemente un documento que proporciona los requerimientos, las especificaciones, las directrices o las características que pueden utilizarse sistemáticamente para garantizar que los materiales, productos, procesos y servicios sean aptos para sus propósitos. Los estándares o normas pueden ser tan específicos como una descripción de cómo interactuar con una clase particular de dispositivo o tan generales como proporcionar detalles sobre las mejores prácticas de gestión para garantizar la calidad.

Si bien cualquier organización o entidad puede desarrollar estándares, los estándares internacionales se vuelven cada vez mas importantes en un mundo globalizado. Adoptar un estándar internacional puede ayudar a garantizar la compatibilidad en todos los sectores y, además, puede ser empleado por las empresas para indicar a los clientes potenciales que sus productos o servicios son de alta calidad. Múltiples organizaciones en un sector pueden emplear estándares para codificar las lecciones aprendidas de los errores del pasado con el fin de ayudar a mejorar la seguridad en general dentro del sector.

Organización Internacional de Normalización

El principal organismo internacional de estandarización o normalización es la Organización Internacional de Normalización (ISO, por sus siglas en inglés). ISO es una organización independiente no gubernamental creada en 1946 para facilitar la coordinación internacional y la unificación de los estándares industriales. Esta formada por los principales órganos nacionales de estandarización de más de 160 países. Particulares o compañías no pueden ser miembros, pero pueden ser seleccionados por sus órganos nacionales de normalización como representantes en las áreas de estándares técnicos y desarrollo de políticas.

Aunque diversas normas ISO aplican en cierta forma al sector espacial, existe una comisión técnica, la TC20, que se enfoca específicamente en vehículos espaciales y aeronaves. Dentro de la TC20, la mayor parte de las normas espaciales se desarrollan a través de dos subcomisiones: la subcomisión 13 (SC13) – Sistemas de Transferencia de Datos e Información Espaciales y, la subcomisión 14 (SC14) – Sistemas Espaciales y Operaciones. Cada subcomisión cuenta con múltiples grupos de trabajo que se enfocan en un rubro específico, como lo son los sistemas de ingeniería, las operaciones y soporte terrestre y los desechos orbitales.

Sector de Normalización de las Telecomunicaciones de la UIT

El Sector de Normalización de las Telecomunicaciones (UIT-T) es la división de la UIT responsable de la coordinación de las normas técnicas para las telecomunicaciones, la cual se realiza mediante un enfoque basado en el consenso, con los Estados miembros y los miembros del sector haciendo aportaciones a los diversos grupos de estudio. El objetivo de los grupos de estudio es desarrollar "Recomendaciones" y otros documentos técnicos, que se vuelven obligatorios sólo cuándo se adoptan como parte de una ley nacional.

La Asamblea Mundial de Normalización de las Telecomunicaciones (WTSA, por sus siglas en inglés), la cual se reúne cada cuatro años, aprueba los grupos de estudio, establece sus programas de trabajo para el siguiente periodo de cuatro años y nombra a sus presidentes y vicepresidentes.

Aunque no tan importante para los actores espaciales como el UIT-R, el UIT-T tiene grupos de estudio que analizan la ciberseguridad, el Internet de las Cosas (IOT, por sus siglas en inglés), las redes 5G y otros temas de interés para algunas empresas.

Comité Consultivo de Sistemas de Datos Espaciales

El Comité Consultivo de Sistemas de Datos Espaciales (CCSDS, por sus siglas en inglés) fue fundado en 1982 por las principales agencias espaciales con el fin de brindar un foro de discusión sobre las cuestiones de interés común en cuanto al desarrollo y operación de sistemas de datos espaciales. Actualmente son 11 las agencias que son miembros de pleno derecho y 28 las agencias observadoras. El objetivo principal es desarrollar estándares para las necesidades comunes de manejo de datos espaciales, específicamente, la transferencia de datos satelitales a los receptores terrestres. La CCSDS ha desarrollado estándares principalmente en las siguientes áreas:

- Servicios de interfaz a bordo de vehículos espaciales tripulados
- Servicios de enlaces espaciales
- Servicios de internet espaciales
- Servicios de operación de las misiones y gestión de información
- Ingeniería de sistemas
- Servicios de soporte transversal

Aunque oficialmente son organizaciones separadas, ISO y CCSDS han desarrollado vínculos estrechos en lo que se refiere a estándares espaciales. Las normas adoptadas por CCSDS también son normas ISO, de conformidad con su subcomisión 13.

Comité Internacional de Sistemas de Satélites de Navegación Mundial

La proliferación de las tecnologías espaciales ha llevado al surgimiento de estándares internacionales dentro de otras áreas, tales como el Sistemas de Satélites de Navegación Global (GNSS, por sus siglas en inglés) y áreas de información geoespacial. El Comité Internacional de los Sistemas de Satélites de Navegación Mundial (ICG, por su abreviación en inglés), establecido en 2005, promueve la cooperación voluntaria en servicios civiles de valor agregado para posicionamiento, navegación y tiempo basados en satélites. A través de su Foro de Proveedores, que incluye a China, India, Japón, la Unión Europea (EU por sus siglas en inglés), la Federación Rusa y los EE. UU. el ICG fomenta la coordinación entre los proveedores actuales y futuros de la GNSS, con el objetivo de garantizar una mayor compatibilidad, interoperabilidad y transparencia.

Comité de las Naciones Unidas de Expertos sobre la Gestión Global de la Información Geoespacial

En el campo de la información geoespacial, el Comité de las Naciones Unidas de Expertos Sobre la Gestión Global de la Información Geoespacial (UN-GGIM, por sus siglas en inglés), establecido en 2011, ofrece un foro para la coordinación e intercambio entre Estados miembros y organizaciones internacionales al tiempo que promueve el desarrollo de la información global geoespacial y su uso para enfrentar retos a nivel mundial. Las iniciativas clave del UN-GGIM representan los esfuerzos por impulsar estándares técnicos que permitan avanzar en la interoperabilidad de conjuntos de datos prioritarios mientras que promueven la participación en cuestiones legales y políticas y asuntos relacionados, que impacte en la capacidad nacional y regional de la información geoespacial. Complementario al trabajo del UN-GGIM, el Consorcio Geoespacial Abierto (OGC, por sus siglas en inglés), un consorcio industrial internacional conformado por empresas, agencias gubernamentales y universidades impulsa el desarrollo de estándares de interfaces disponibles públicamente a fin de apoyar la interoperabilidad y la accesibilidad a la información geoespacial y a sus servicios.

EL CONTROL INTERNACIONAL DE EXPORTACIONES

Existe una importante preocupación internacional por la proliferación descontrolada tanto de bienes y tecnologías militares convencionales como de tecnologías de uso dual, como lo es la tecnología espacial. La tecnología de uso dual se define comúnmente como una tecnología que tiene aplicaciones tanto civiles como militares. Un ejemplo en la industria espacial es el cohete químico, el cual puede utilizarse como un vehículo de lanzamiento espacial para colocar satélites y humanos en órbita y que también puede servir como misil balístico para el transporte de armas de destrucción masiva. Es entonces que los nuevos actores, incluyendo los actores espaciales no gubernamentales, deben estar sumamente conscientes de la naturaleza sensible y del contexto extremadamente político de las actividades espaciales.

A un nivel internacional, el Arreglo de Wassenaar sobre el Control de Exportaciones de Armas Convencionales y Bienes y Tecnologías de Uso Dual es un esfuerzo significativo por controlar la proliferación de tipos específicos de bienes militares y tecnologías de uso dual. Fue creado en 1996 y actualmente cuenta con 41 Estados participantes, la mayoría localizados en América del Norte y Europa. El objetivo del Arreglo de Wassenaar es contribuir a la seguridad y estabilidad regional e internacional promoviendo la transparencia y una mayor responsabilidad en cuanto a la transferencia de armas convencionales y bienes y tecnologías de uso dual, previniendo de esta manera una acumulación desestabilizadora. Los Estados participantes controlan los productos en la "Lista de Bienes de Uso Dual, Tecnologías y Municiones" y trabajan para prevenir transferencias no autorizadas de estos productos. El arreglo también utiliza los controles de exportación como una medida para combatir el terrorismo, aunque no está diseñado para funcionar en contra de ningún Estado en particular o grupo de Estados. Los Estados participantes acuerdan intercambiar información sobre los bienes de uso dual sensibles y tecnologías, basarse en las mejores prácticas convenidas y reportar cualquier transferencia o transferencia denegada de artículos controlados realizadas a destinatarios que no pertenecen al Arreglo.

El Régimen de Control de Tecnología de Misiles (MTCR, por sus siglas en inglés), es otro importante control internacional en el ámbito de las actividades espaciales. El MTCR es un régimen voluntario establecido originalmente en 1987, que, en 2017, contaba con 34 países participantes. Cuatro países más han acordado cumplir con las reglas del control de exportación del MTCR, pero no se han unido formalmente. El objetivo del MTCR es el de coordinar a nivel nacional los esfuerzos en cuanto a la concesión de licencias de exportación con el fin de prevenir la proliferación de sistemas de entrega "vacíos", susceptibles de entrega de armas de destrucción masiva.

En 2002, el Código Internacional de Conducta contra la Proliferación de Misiles Balísticos de la Haya, también conocido como Código de Conducta de la Haya, fue creado para apoyar al MTCR. El Código de Conducta de la Haya llama a los Estados participantes a ejercer moderación en las pruebas, producción y exportación de misiles balísticos. Mientras que es menos restrictivo que el MTCR, con 119 Estados participantes, tiene significativamente más aceptación internacional y sirve como un sólido TCBM, donde los Estados signatarios acuerdan realizar notificaciones de pre-lanzamiento y declaraciones anuales acerca de sus políticas.

Las leyes sobre control de exportaciones de un solo país han tenido efectos a nivel mundial. El Reglamento sobre Tráfico Internacional de Armas de los Estados Unidos (ITAR, por sus siglas en inglés), es un conjunto de regulaciones gubernamentales que controlan la exportación e importación de artículos y servicios relacionados con la defensa a través de la Lista de Municiones de Estados Unidos (USML, por sus siglas en inglés), hecho que ha afectado la forma en que otros países desarrollan sus industrias domésticas debido a regulaciones que requieren el "cumplimiento del ITAR". Parte de esto incluye registrarse en la Dirección de Control Comercial de Materiales de Defensa (DDTC, por sus siglas en inglés) del Departamento de Estado de Estados Unidos y de obtener las licencias pertinentes cuando sea necesario. Los artículos de la USML incluyen algunos satélites y sus tecnologías relacionadas. No obstante, como alternativa, algunos Estados han comercializado con éxito sus productos que son marcados como "libres de ITAR", lo que significa que éstos no tendrían tantas restricciones de exportación como los tendrían los productos de la lista USML.

RESPONSABILIDAD INTERNACIONAL

En el derecho internacional, la responsabilidad u obligación (*liability*) es un concepto relacionado, pero totalmente distinto de la responsabilidad (*responsibility*). El Artículo VII del Tratado del Espacio establece que los Estados que lanzan objetos espaciales serán responsables (*liable*) internacionalmente de:

> *"De los daños causados a otro Estado Parte en el Tratado o a sus personas naturales o jurídicas por dicho objeto o sus partes componentes en la Tierra, en el espacio aéreo o en el espacio ultraterrestre, incluso la Luna y otros cuerpos celestes".*

Ser responsable (*liable*) por un daño ocasionado está ligado necesariamente con la responsabilidad (*responsibility*); no obstante, es sumamente distinto, por lo que requiere un análisis especial. Considerando que la responsabilidad (*responsibility*), es el deber de asegurar que todas las actividades nacionales sean llevadas a cabo de conformidad con el Tratado del Espacio, la responsabilidad u obligación (*liability*) establece que los Estados deben emprender acciones para la compensación a otros Estados en caso de que ocurran ciertos daños. La definición de daño, como se refleja en el Convenio de Responsabilidad de 1972, se define como *"la pérdida de vidas humanas, las lesiones corporales u otros perjuicios a la salud, así como la pérdida de bienes o los perjuicios causados a bienes de Estados o de personas físicas o morales, o de organizaciones internacionales intergubernamentales"*, y usualmente es interpretado como daño físico real en lugar de relacionarse con algún tipo de interés pecuniario (monetario) u otras formas de daño no físico.

Adicionalmente, la responsabilidad (*responsibility*) se atribuye al o Estados responsables de las actividades nacionales. La responsabilidad u obligación (*liability*) puede imponerse sobre cualquier "Estado que lance" objetos espaciales que causen daños. Si bien los lanzamientos espaciales son peligrosos por naturaleza y la ejecución de un lanzamiento no es ilegal per se, la imposición de la responsabilidad u obligación (*liability*) por los daños significa que los Estados deberán ofrecer una compensación después de que ocurrió el daño, con el entendimiento de que no se encuentre necesariamente ninguna violación al derecho internacional.

El Tratado del Espacio define cuatro categorías para Estado de lanzamiento: (1) el Estado "que lanza", (2) el que "promueve el lanzamiento de un objeto espacial" y, un Estado desde cuyo (3) territorio o (4) instalaciones se lanza un objeto espacial. El Convenio de Responsabilidad y el Convenio de Registro reiteran estas categorías. En consecuencia, puede haber más de un Estado de lanzamiento a efectos de responsabilidad u obligación (*liability*). De hecho, así es como varias actividades espaciales se llevan a cabo el día de hoy.

Para los Estados, la responsabilidad u obligación (*liability*) significa que mientras están en la libertad de conducir lanzamientos, deben asegurarse de que son legales y que están preparados para pagar una compensación a otros Estados en caso de que ocurran ciertos daños (ya sea en tierra, en el aire o en el espacio). Si bien, un lanzamiento puede llevarse a cabo desde el territorio de otro país, un Estado aún puede estar expuesto a una responsabilidad (*liability*) potencial si sus actividades caen dentro de una de las cuatro amplias categorías de Estado de lanzamiento. En las actividades espaciales multilaterales, tiene sentido para los Estados asociados el determinar de antemano quien será considerado el Estado de lanzamiento.

En resumen, los Estados son tanto responsables (*responsible*) de sus actividades espaciales nacionales como potencialmente responsables (*liable*) de las actividades en las que se les considere Estados de lanzamiento. Para los nuevos participantes en el campo de las actividades espaciales, estas obligaciones significan que los Estados que realizan la supervisión deben buscar limitar los lanzamientos riesgosos o aquellos que podrían causar daños a otros Estados. El Estado que supervisa también puede establecer disposiciones para reducir o compensar la exposición potencial a la responsabilidad u obligación (*liability*), así como requerir que un nuevo participante no gubernamental busque un seguro para sus misiones en caso de que ocurran daños. El tema de seguros se discute tanto en el Capítulo Dos como en el Tres.

Debido a que un Estado de lanzamiento deberá rendir cuentas de cualquier daño causado, estará interesado en regular las actividades de tipo privado. A partir de que un Estado se convierte en el Estado de lanzamiento, siempre se le considerará como tal y, si bien, puede haber más de un Estado de lanzamiento, por lo general solo debe haber un Estado que sea el Estado de registro. Podría parecer que un Estado de lanzamiento siempre sería un Estado de registro, pero los lanzamientos internacionales complejos ocurren cada vez con mayor frecuencia. Mientras que se considera que un Estado de lanzamiento está vinculado al concepto de responsabilidad (*liability*), el registro está más vinculado a la responsabilidad (*responsibility*) de control, concesión de licencias y supervisión, así como a la competencia jurisdiccional sobre el objeto espacial.

Los Estados que buscan fomentar sus actividades espaciales nacionales y sus industrias deben considerar los marcos regulatorios a adoptar para autorizar y supervisar estas actividades.

Los Estados que buscan fomentar sus actividades espaciales nacionales y sus industrias deben considerar los marcos regulatorios a adoptar para autorizar y supervisar estas actividades.

SOLUCIÓN DE CONTROVERSIAS

Aunque el resultado que se espera en cualquier actividad espacial nunca incluiría la necesidad de resolver una controversia, ya sea entre un Estado o entidad privada o una combinación ambos, es esencial considerar qué mecanismos de resolución de controversias son los adecuados si es que se necesitan. Esta sección aborda los mecanismos básicos de resolución de controversias abiertos a los Estados y a las entidades privadas.

El Convenio de Responsabilidad de 1972 provee un marco bajo el cual los Estados pueden exigir indemnisaciones por daños causados por un objeto espacial —a otro objeto espacial, a una aeronave en vuelo o en la superficie terrestre. El Convenio de Responsabilidad establece los criterios específicos para la resolución diplomática de reclamaciones, comenzando en su Artículo IX. Según el Artículo X *"La reclamación de la indemnización por daños podrá ser presentada a un Estado de Lanzamiento a más tardar en el plazo de un año a contar de la fecha en que se produzcan los daños o en que se haya identificado al Estado de Lanzamiento que sea responsable"*.

El seguimiento de una reclamación en virtud del Convenio sobre Responsabilidad no requiere el previo agotamiento de los recursos en los tribunales nacionales. Mientras que una reclamación puede ser seguida ya sea en los tribunales nacionales o mediante el Convenio sobre responsabilidad, ambas vías no pueden ser perseguidos concurrentemente.

El seguimiento a una reclamación en virtud del Convenio de Responsabilidad no requiere que previamente se agoten los recursos en tribunales nacionales. Una reclamación puede seguirse ya sea en tribunales nacionales o mediante el Convenio de Responsabilidad; no obstante, ambas vías no pueden seguirse al mismo tiempo.

Si una o ambas partes en una controversia no pertenecen al Convenio de Responsabilidad, éste no es aplicable. En tal situación, cualquier resolución diplomática debe seguir las reglas del derecho internacional, las cuales aplicarían a los Estados que son parte de la controversia. Por ejemplo, si ambos Estados son parte del Tratado del Espacio, las disposiciones del Artículo VII corresponderían.

Cuando una resolución no puede lograrse a través de canales diplomáticos, el Convenio de Responsabilidad brinda soluciones no contenciosas, como puede ser a través de una comisión de reclamaciones conformada por tres miembros, la cual puede ser iniciada por cualquier de las partes en la disputa. El procedimiento para la conformación de la comisión se describe de los Artículos XIV al XX. Y ya sea que se resuelvan a través de medios diplomáticos o mediante la comisión de reclamaciones, las controversias bajo el Convenio de Responsabilidad serán siempre "evaluadas de conformidad con el derecho internacional y bajo los principios de justicia y equidad", donde la intención es generalmente la de restaurar al Estado que sufrió el daño la posición en la que habría Estado si el daño no hubiese ocurrido.

Corte Internacional de Justicia

Con respecto a la solución de controversias entre Estados relacionadas con el espacio, la Corte Internacional de Justicia (CIJ), ofrece otra opción. Por supuesto, las partes deben acordar remitir dicha controversia a la CIJ o reconocer la jurisdicción obligatoria bajo el estatuto de la CIJ. Solo los Estados pueden presentar reclamaciones a la CIJ (aunque ciertas organizaciones internacionales pueden buscar opiniones consultivas) y si bien hoy en día la CIJ no ha resuelto aún un caso relacionado con el espacio sí tendría jurisdicción sobre cualquier controversia espacial que fueraconsiderada una disputa del derecho internacional.

Arbitraje y Mediación

El arbitraje generalmente se determina a través cláusulas dentro de un contrato, las cuales especifican los derechos y responsabilidades de las partes. Dichas cláusulas de arbitraje son aceptadas a nivel mundial e incluso son favorecidas en algunas jurisdicciones, ya que reducen la carga en los sistemas judiciales; no obstante, no todas las partes comparten las mismas prioridades en cuanto a la resolución de las controversias. Una cláusula de arbitraje brinda a las partes la autoridad para establecer el proceso de selección de árbitros y las calificaciones de los mismos, así como determinar si y qué pruebas están disponibles, las reglas que aplican (probatorias y procesales), la planificación, el nivel de confidencialidad, el papel que ejercerán los árbitros, la toma de decisiones, si la decisión es vinculante, el proceso de apelación, si lo hay, la elección del derecho aplicable, las soluciones provisionales y los métodos de ejecución. Las cláusulas de arbitraje pueden especificar un tribunal arbitral en particular, en cuyo caso las partes deberán cumplir con las reglas y los requerimientos de dicho tribunal.

La mediación, así como el arbitraje y la adjudicación, emplean a terceros neutrales para resolver las controversias. Sin embargo, el (los) mediador (es) no emitirán una decisión vinculante. Los procedimientos para la mediación son menos estructurados y más flexibles que aquellos llevados a cabo por las cortes o los tribunales arbitrales y pueden ser totalmente consensuales o por orden judicial. La resolución de controversias entre actores no gubernamentales, como las empresas u otras entidades privadas, se verá en los siguientes capítulos.

En 2011, la Corte Permanente de Arbitraje (PCA, por sus siglas en inglés), situada en La Haya, Países Bajos, promulgó su Reglamento Opcional para el Arbitraje de Disputas relacionadas con Actividades en el Espacio Ultraterrestre. Asimismo, recomendó una cláusula modelo para su inserción en los contratos.

Este Reglamento ofrece un medio alternativo para resolver controversias entre Estados, organizaciones internacionales y entidades privadas.

CUESTIONES AMBIENTALES

La protección de los entornos terrestres y espaciales es necesaria para garantizar su continua habitabilidad y utilidad. Las actividades espaciales, particularmente los lanzamientos, se consideran por naturaleza peligrosas y arriesgadas. Como consecuencia, existen diversas leyes y regulaciones que abordan la protección del medio ambiente, las cuales prohíben ciertas actividades o definen quiénes son los responsables cuando ocurren los daños, además de varios principios que protegen el entorno espacial, especialmente las órbitas y los cuerpos celestes particularmente provechosos.

Protección del Medio Ambiente Terrestre

Los lanzamientos al espacio son una actividad sin duda peligrosa, que generalmente involucra la combustión de grandes cantidades de carburante sólido y líquido, así como el rápido tránsito de equipo avanzado a través de entornos adversos e implacables. Por esta razón, los sitios de lanzamiento se eligen en lugares aislados, lejos de donde los accidentes pueden causar daños a otros.

Un sinnúmero de fuentes del derecho aborda la protección del medio ambiente terrestre y asignan la carga de la compensación en caso de que ocurra un daño. A nivel internacional, los Estados son generalmente responsables del daño internacional transfronterizo que causan a otros Estados. Esta obligación existe en la costumbre general de los Estados y es ampliamente aceptada. Particularmente en el derecho espacial, el Artículo VII del Tratado del Espacio es el que crea las reglas de responsabilidad para los lanzamientos espaciales, incluyendo la responsabilidad para los Estados lanzadores que causan daños en Tierra o en el espacio aéreo de otros Estados parte del Tratado.

Adicionalmente, los Estados son absolutamente responsables de los daños que causen sus lanzamientos espaciales, en la superficie de la Tierra o a las aeronaves en vuelo. Esta responsabilidad absoluta no requiere de la comprobación de la falta o negligencia, simplemente de que el daño ocurrió por el resultado de las actividades del Estado responsable. En consecuencia, mientras que las actividades espaciales son generalmente legales, su naturaleza extremadamente peligrosa se refleja en este régimen de responsabilidad absoluta del Tratado del Espacio y el Convenio de Responsabilidad.

Contaminación al Reingreso a la Tierra

El Artículo IX del Tratado del Espacio se refiere en gran medida a la protección del medio ambiente espacial; no obstante, la segunda parte se refiere a proteger el medio ambiente terrestre del material espacial. Se lee como:

> *"Los Estados Partes en el Tratado harán los estudios e investigaciones del espacio ultraterrestre, incluso la Luna y otros cuerpos celestes, y procederán a su exploración de tal forma que no se produzca una contaminación nociva ni cambios desfavorables en el medio ambiente de la Tierra como consecuencia de la introducción en él de materias extraterrestres, y cuando sea necesario adoptarán las medidas pertinentes a tal efecto".*

El Comité Internacional de Investigación del Espacio (COSPAR, por sus siglas en inglés) es una organización científica interdisciplinaria que desde hace tiempo se ha preocupado por proteger las únicas y originales condiciones de los entornos espaciales—originales al menos en relación con la interacción humana. Para este fin, COSPAR ha promulgado principios de protección planetaria para las misiones espaciales, aunque los altos niveles precautorios de COSPAR también son recomendados para misiones de retorno a la Tierra, las cuales pueden causar la tan llamada "contaminación al reingreso". La protección de otros cuerpos celestes se discute mas adelante.

COSPAR subdivide las misiones de retorno a la Tierra en "Retornos restringidos" y "no restringidos". La clasificación no restringida se aplica a las misiones que regresan de cuerpos celestes como la Luna y Venus, que no tienen formas de vida originarias ni tipos de entornos donde la vida podría florecer. El retorno a la Tierra restringido se aplica a las misiones que regresan de Marte y Europa, por ejemplo. En el futuro, las misiones de retorno se categorizarán antes de que reintroduzcan materiales de muestra o bien, se utilizarán otros criterios (determinados por COSPAR de ser necesario).

Uso de Fuentes de Energía Nuclear en el Espacio

Hacer funcionar una nave espacial en el entorno hostil del espacio ultraterrestre requiere de técnicas y tecnologías ingeniosas. Las fuentes de energía nuclear han sido utilizadas en naves espaciales desde el comienzo de la era espacial. La constante y predecible descomposición del material radiactivo emite energía en cantidades y de la forma adecuada para las necesidades de la nave. Los generadores termoeléctricos de radioisótopos (RTG, por sus siglas en inglés) y las unidades de calor de radioisótopos (RHUs) son métodos de generación de energía probados históricamente, tanto por los Estados Unidos de América como por la Federación Rusa, los cuales han utilizados fuentes de energía nuclear.

Reconociendo la idónea utilización de las fuentes de energía nuclear para las misiones espaciales, la Resolución de la AGNU 47/68 de 1992 establece 11 principios relevantes relacionados con su uso. Los principios de la energía nuclear reiteran la aplicabilidad del derecho internacional, los conceptos y los marcos ya establecidos por el Tratado del Espacio y el Convenio de Responsabilidad sobre la obligación potencial del Estado de lanzamiento y la jurisdicción y el control del Estado de registro.

El principio 3 de la resolución menciona las directrices y los criterios para su uso, especificando que las fuentes de energía nuclear en el espacio deben restringirse a aquellas misiones que "no puedan funcionar en forma razonable con fuentes de energía no nucleares." Asimismo, indica que los reactores nucleares solo deben utilizar uranio 235 altamente enriquecido como combustible y que deben ser diseñados y construidos de modo que solo puedan volverse críticos al alcanzar la órbita o trayectoria interplanetaria, no de otra manera (no por la explosión del cohete, el reingreso o por el impacto con agua o tierra).

El principio 5 contiene instrucciones para llevar a cabo las notificaciones sobre el mal funcionamiento de las fuentes de energía nuclear, que arriesgan el reingreso por llevar materiales radiactivos a la Tierra. La información requerida incluye los parámetros básicos del lanzamiento y los parámetros orbitales, así como información sobre la fuente de energía nuclear misma, la forma física probable, la cantidad y las características radiológicas generales de los componentes que posiblemente lleguen a tierra. La notificación debe ser enviada a los Estados involucrados y al Secretario General de la ONU. De igual forma, estos principios llaman a consultas y a la asistencia entre los Estados, así como al refuerzo de las funciones concernientes a responsabilidad (*responsibility*), responsabilidad u obligación (*liability*), compensación y solución de controversias, contenidas en los tratados espaciales existentes.

Posterior a la resolución 47/68 de la AGNU, la Subcomisión de Asuntos Científicos y Técnicos de COPUOS trabajó en conjunto con el Organismo Internacional de Energía Atómica para desarrollar el Marco de Seguridad para las Aplicaciones de Fuentes de Energía Nuclear en el Espacio Ultraterrestre. Este marco, aunque no es legalmente vinculante, esta destinado para utilizarse como una guía para fines de seguridad nacional e intergubernamental. El marco aborda el uso seguro de las fuentes de energía nuclear en las misiones espaciales y contiene recomendaciones para los gobiernos sobre cómo autorizar misiones espaciales con fuentes de energía nuclear, la gestión de la responsabilidad, los roles de la seguridad de dichas misiones, así como orientación técnica. Cuando las misiones espaciales planificadas involucran energía nuclear, estas guías deben ser consultadas en las etapas tempranas de los proyectos.

Basura Espacial

Después de más de 60 años de actividades espaciales, la humanidad ha creado una importante cantidad de desechos espaciales (Figura 6). La definición general de desechos espaciales comprende satélites no operativos, etapas de cohetes gastadas y otras partes y piezas generadas en el lanzamiento y operación de los satélites. El ejército de los Estados Unidos rastrea hoy en día aproximadamente 23,000 piezas de escombros producidos por el hombre de más de 10 centímetros (4 pulgadas) de tamaño en la órbita terrestre, cada uno de los cuales podría destruir un satélite activo en caso de una colisión. Por otro lado, la investigación realizada por científicos de diversas agencias espaciales estima que existen 500,000 piezas de desechos espaciales de entre 1 y 10 centímetros (0.4 a 4 pulgadas) que se encuentran sin rastrear y que de igual manera podrían dañar gravemente un satélite activo en una colisión.

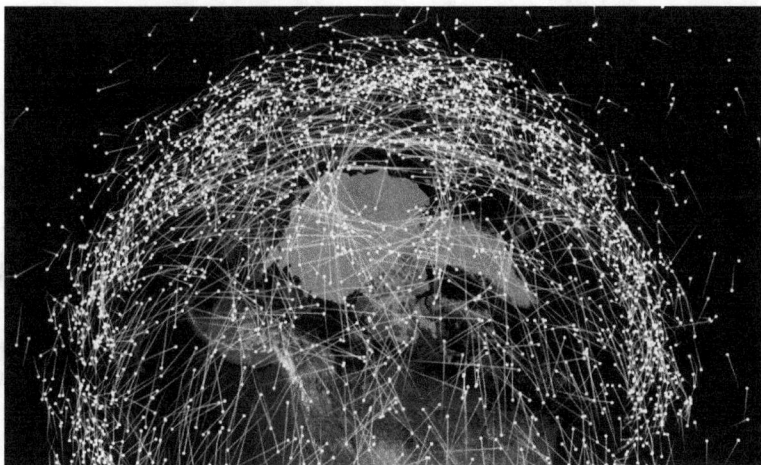

Figura6 - Desechos Espaciales de 1 cm y más en Órbita. Una representación estadística de las 500,000 piezas estimadas de desechos espaciales de 1 cm y más en órbita.
Fuente: Analytical Graphics Inc.

Estos desechos se concentran en las regiones más utilizadas de la órbita terrestre, donde se localizan varios satélites activos. Estas regiones incluyen la órbita baja terrestre (LEO, por sus siglas en inglés), por debajo de 2.000 kilómetros (1.200 millas) de altitud y la región geosincrónica, a aproximadamente 36,000 kilómetros (22,000 millas) por encima del ecuador.

El antiguo científico de la Administración Nacional de Aeronáutica y del Espacio (NASA) de los EE. UU. Donald Kessler fue uno de los primeros en predecir lo que se ha conocido como el Síndrome de Kessler: a medida que la cantidad de desechos en órbita crece, se alcanzará un punto crítico donde la densidad de los desechos espaciales llevará a colisiones aleatorias. Estas colisiones generarían a su vez más desechos a un ritmo más rápido de lo que la atmósfera terrestre los puede remover. A diferencia del dramático escenario presentado en la película Gravity, este proceso sería mucho más lento y tomaría décadas o siglos. El espacio no fue un ambiente prístino antes de que los humanos comenzaran a llenarlo con satélites, siempre ha habido desechos naturales en el espacio debido a los asteroides. La predicción de Kessler era que estas colisiones en cascadas de escombros sobre escombros resultarían en una población de desechos generada por el hombre que representaría más una amenaza para los satélites que los escombros naturales.

Existe ahora un consenso general entre los científicos acerca de que este punto crítico ya se ha cumplido y que hay suficientes desechos espaciales generados por el hombre concentrados en la región crítica en LEO entre 700 y 900 kilómetros (430 a 560 millas) que crearán más escombros incluso si no se lanzaran satélites nuevos. Estas colisiones de escombros sobre escombros no llevarán a un crecimiento infinito en la población de desechos. Más bien, conducirán a un futuro punto de equilibrio en donde se tendrá una mayor población de escombros de la que se tiene hoy en día. El crecimiento de escombros aumentará los riesgos—y por lo tanto los costos asociados—de operar satélites en regiones críticas como LEO. Estos costos aumentados podrían resultar de la necesidad de más satélites de repuesto para reemplazar los perdidos en colisiones, la necesidad de satélites más pesados y mejor diseñados que

El Síndrome de Kessler: a medida que la cantidad de desechos en órbita crece, se alcanzará un punto crítico donde la densidad de los desechos espaciales llevará a colisiones aleatorias

cueste más construir y lanzar y costos operativos aumentados resultado de intentar detectar y evitar posibles colisiones. Esta elevación de costos posiblemente impedirá el desarrollo comercial del espacio y pondrá presión adicional sobre los presupuestos gubernamentales, originando la pérdida potencial de algunos de los beneficios actualmente derivados de espacio o evitando el descubrimiento de nuevos beneficios.

Los esfuerzos para abordar el problema de los desechos espaciales están dentro de tres categorías principales: mitigación de residuos, eliminación activa de desechos y gestión del tráfico espacial. Cada categoría aborda un aspecto diferente del problema: limitar la generación de nuevos desechos espaciales, encarar el legado de la población de desechos espaciales que ya están en órbita, y minimizar el impacto negativo de los escombros existentes en las actividades espaciales.

La mitigación de escombros abarca el diseño de satélites y sistemas espaciales que permita minimizar la cantidad de desechos que se liberan durante las operaciones normales, como el desarrollo de métodos para reducir el riesgo de fragmentación o de explosión al final de la vida útil, ventilando el combustible sobrante o descargando las baterías y eliminando adecuadamente las naves espaciales y fases de cohetes gastados después de que ya no son utilizables. A finales de la década de 1990, las principales agencias espaciales se unieron para formar el Comité Interinstitucional de Coordinación en materia de Desechos Espaciales (IADC, por sus siglas en inglés). El propósito del IADC es ayudar a coordinar y compartir investigaciones sobre desechos espaciales entre las agencias participantes. En 2007, el IADC publicó las Directrices de Mitigación de Desechos Espaciales. Estas directrices técnicas determinan algunas regiones protegidas de la órbita terrestre y sugieren prácticas operativas que los operadores satelitales deben adoptar para minimizar la creación de desechos espaciales de larga vida en dichas regiones protegidas. La Figura 7 ilustra las diversas regiones protegidas según las directrices del IADC.

Como un conjunto simplificado de directrices, se encuentran las directrices de mitigación de desechos espaciales de COPUOS, de una naturaleza más política, la cuales fueron avaladas por Naciones Unidas en 2009, aunque también son aplicadas de forma voluntaria. Varios Estados han implementado estas directrices de mitigación a través de sus regulaciones y políticas nacionales, tema que se discutirá en el Capítulo Dos.

En los últimos años, el IADC ha centrado sus esfuerzos de investigación en la

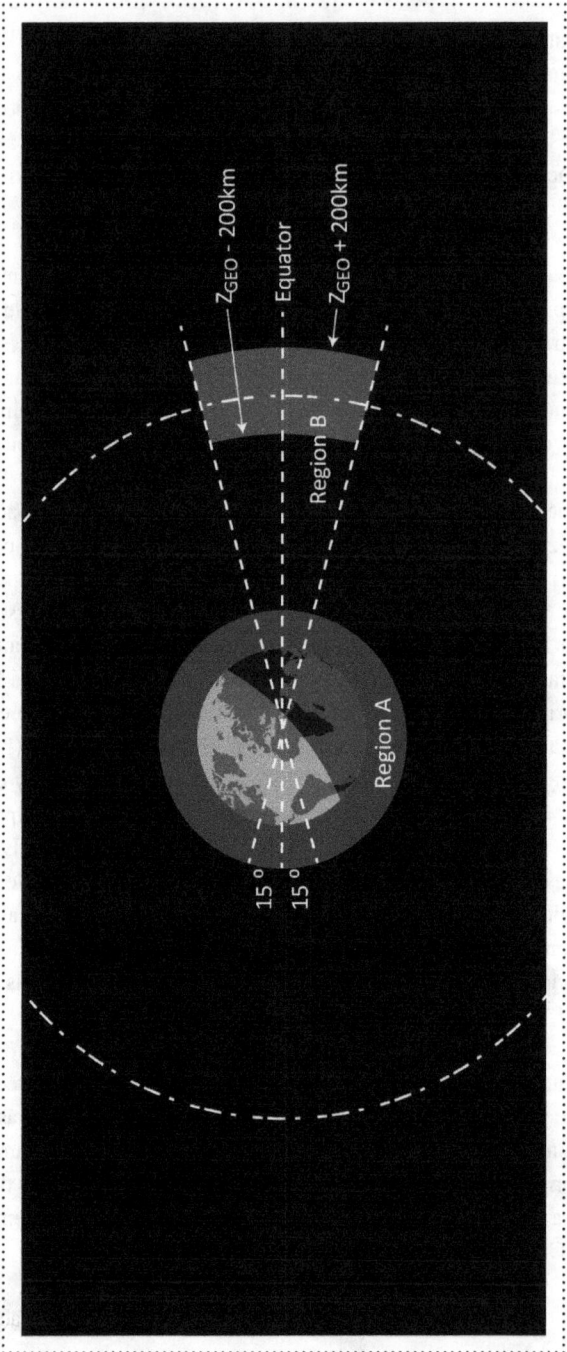

Figura7 - Regiones Protegidas en el Espacio
Fuente: Secure World Foundation

eliminación activa de desechos (ADR, por sus siglas en inglés). En 2013, publicó un estudio realizado por seis agencias espaciales utilizando seis diferentes modelos, los cuales encontraron un aumento promedio del 30 por ciento en la población de desechos espaciales en la órbita LEO en los próximos 200 años, incluso con un 90 por ciento de adhesión a las directrices de mitigación de desechos. Esto ha conducido a un mayor el énfasis sobre la necesidad de iniciar una ADR en un futuro próximo.

Actualmente, la discusión sobre la ADR incluye tres enfoques principales. El primero consiste en un esfuerzo por eliminar entre cinco y diez de los objetos de desecho más masivos por año. Esto tendría como efecto desacelerar o incluso frenar el crecimiento a largo plazo de la cantidad de desechos espaciales, aunque no abordaría el riesgo de colisión a corto plazo. El segundo enfoque se concentra en eliminar piezas más pequeñas, en el rango de 1 a 10 centímetros de tamaño. Esto ayudaría a reducir el riesgo a corto plazo para los satélites, pero solo tendría un impacto mínimo en el crecimiento de la población de desechos a largo plazo. El tercer enfoque llamado evasión de colisión en el momento justo implica predecir colisiones futuras entre dos objetos de desecho y alterar sus trayectorias orbitales para evitar la colisión. Los métodos propuestos para llevarlo a cabo incluyen láser terrestre o espacial o neblina de agua congelada.

Expertos técnicos de todo el mundo han trabajado intensamente en estas cuestiones durante los últimos años y ya existen algunas soluciones técnicas prometedoras para eliminar, ya sea objetos grandes o pequeños. Sin embargo, los esfuerzos son en gran medida una elección entre los objetivos. Es poco probable que exista una única solución global que pueda lidiar con los objetivos tanto de desechos grandes como de pequeños. Además, ninguna de estas técnicas ha sido demostrada

Resolver los desafíos de los desechos espaciales requerirá de una minuciosa coordinación y cooperación entre los ingenieros y científicos que trabajan en las tecnologías, así como de abogados y responsables políticos que desarrollan políticas y marcos regulatorios.

operativamente en órbita y todas ellas representan una amplia gama de desafíos legales, políticos y otros no técnicos.

Resolver los desafíos de los desechos espaciales requerirá de una minuciosa coordinación y cooperación entre los ingenieros y científicos que trabajan en las tecnologías, así como de abogados y responsables políticos que desarrollan políticas y supervisión regulatoria.

CUESTIONES DE FONDO

Las secciones anteriores discutieron los aspectos importantes de los marcos internacionales políticos, legales y regulatorios de las actividades espaciales. Aunque existen sutilezas en los límites de cada uno de esos temas, mucho se ha resuelto y entendido. La última sección de este capítulo abordará las cuestiones en evolución y temas más avanzados en cuanto a las actividades espaciales.

Límite entre el espacio aéreo y el espacio ultraterrestre

A pesar de más de medio siglo de actividades espaciales, no existe al momento una definición legal internacionalmente reconocida de dónde termina el espacio aéreo y dónde comienza el espacio ultraterrestre. Ni el Tratado del Espacio ni ningún otro instrumento legal internacional especifica un punto inicial o por encima del cual comienza el espacio ultraterrestre. Una definición del espacio ultraterrestre es importante debido a que los regímenes legales que rigen el espacio aéreo y el espacio ultraterrestre son fundamentalmente diferentes, puesto que llegar al espacio ultraterrestre requiere cruzar a través del espacio aéreo. Una distinción entre estos dos dominios ayudaría a aclarar qué régimen legal rige las actividades que se coinciden entre ellas.

La soberanía, un componente fundamental del Estado moderno, es esencialmente el poder de un gobierno para imponer su autoridad exclusiva mediante la creación de leyes, resolviendo conflictos y mediante poderes relacionados, tales como el cumplimiento a sus leyes y decisiones judiciales. Un Estado es exclusivamente soberano en el espacio aéreo por encima de su territorio y sus aguas territoriales. No obstante, el Artículo II del Tratado del Espacio reduce severamente la soberanía del Estado en el espacio ultraterrestre, dejando solo jurisdicción y derechos de propiedad sobre objetos espaciales lanzados y registrados por el Estado y personal del mismo. En el derecho aéreo, la soberanía del Estado sobre el espacio aéreo incluye el derecho a excluir a otros y, solo a través de tratados bilaterales y multilaterales complejos, los Estados permiten ingresar aviones civiles de otros Estados (atravesar, aterrizar y despegar) a su espacio aéreo soberano. Esta estructura es lo opuesto al régimen del espacio ultraterrestre, puesto que todos los Estados gozan del derecho de acceso, exploración y uso libre del espacio exterior.

En 1976, un grupo de países de las regiones ecuatoriales del mundo firmaron la Declaración de Bogotá, defendiendo un reclamo legal por controlar el uso del espacio por encima de su propio territorio. La Declaración buscaba transformar la estructura legal existente exponiendo que la órbita geoestacionaria, como un recurso finito, "*no debe ser considerada parte del espacio ultraterrestre*". Si bien, la Constitución de Colombia continúa reconociendo el slot orbital por encima de su país como parte de su territorio, las demandas de la Declaración de Bogotá no son ampliamente reconocidas y los Estados continuarán remitiéndose a las asignaciones de *slots* geoestacionarios de la ITU.

Algunos creen que esta cuestión—la falta de un límite legal entre el espacio aéreo y el espacio ultraterrestre—puede incrementar su relevancia en el futuro cercano. Algunas actividades podrían considerarse que están ocurriendo en el espacio aéreo y, por consiguiente, regirse por el derecho aéreo; como alternativa, podría considerarse que ocurren en el espacio ultraterrestre y, por lo tanto, regirse simplemente por el derecho espacial. No obstante ¿sería una nave espacial reutilizable regida por el derecho aéreo hasta que alcance la órbita terrestre? o, debido a que es una nave espacial ¿aplica el derecho espacial a lo largo de la duración de la misión, incluido su tránsito? Como regla operacional general, puede asumirse que el área donde los satélites artificiales son capaces de orbitar la Tierra califica como espacio ultraterrestre, aunque esta altitud no necesariamente refleja el techo del espacio aéreo. Un enfoque "espacialista" argumentaría la clara línea de distinción, quizá a 100 kilómetros sobre la superficie de la Tierra la cual es a menudo llamada—la línea de Kármán.

Otros inicialmente considerarían si la actividad involucra una nave con alas (como aviones) o cohetes (como naves espaciales). O bien considerarían si la aeronave despega verticalmente como un cohete u horizontalmente como un avión. Dependiendo de cómo se vea la nave, como una aeronave o como nave espacial y cuál sea su misión, podría tener sentido agruparlas bajo el derecho aéreo o espacial. Este enfoque "funcionalista" no intenta resolver una demarcación física sobre la superficie de la Tierra, como recomienda el enfoque espacialista.

Si algo califica como una actividad de aviación o una actividad de impacto espacial, se ve afectado no solo por las reglas del área donde opera, sino por las normas nacionales inherentes que debe seguir y por las disposiciones de responsabilidad (*responsability*) y responsabilidad u obligación (*liability*) internacionales que aplican. A la fecha, sin embargo, no se ha acordado ninguna definición internacional. Esta falta de certeza podría ser el resultado de la clara distinción que se ha hecho entre aeronaves en el aire y cohetes y satélites en el espacio exterior. Adicionalmente, ni el enfoque funcionalista ni el espacialista han dominado la discusión.

A medida que la tecnología se desarrolla y más Estados y actores no estatales lanzan diferentes tipos de naves y vehículos, puede ser necesario delimitar de una forma más clara donde comienza el espacio exterior.

Un gobierno que esté considerando una legislación espacial quizá primero tendría que considerar si existe algún beneficio en determinar a nivel nacional dónde comienza legalmente el espacio exterior, especialmente en ausencia de una definición internacional. Asimismo, una empresa espacial que comienza sus actividades debe conocer los diferentes regímenes del derecho aéreo y espacial, así como la falta de certeza legal internacional entre ellos.

Gestión del Tráfico Espacial

La gestión del tráfico espacial (STM, por su abreviación en inglés) se refiere a las medidas que se toman para minimizar o mitigar los impactos negativos del aumento de

Un gobierno que esté considerando una legislación espacial quizá primero tendría que considerar si existe algún beneficio en determinar a nivel nacional dónde comienza legalmente el espacio exterior, especialmente en ausencia de una definición internacional. Asimismo, una empresa espacial que comienza sus actividades debe conocer los diferentes regímenes del derecho aéreo y espacial, así como la falta de certeza legal internacional entre ellos.

la congestión física en el espacio. A medida que aumenta el número de satélites activos y la cantidad de desechos espaciales, particularmente en órbitas y altitudes muy utilizadas, la congestión física se convierte en un problema creciente. Hoy en día se han confirmado varias colisiones no intencionales entre satélites funcionales y otro objeto espacial, las cuales, han dañado el satélite o destruido completamente ambos objetos, creado miles de nuevos desechos espacial. El objetivo de la STM es tratar de evitar futuras colisiones y otros incidentes en el espacio que pudieran crear escombros adicionales u otros riesgos para la seguridad de las actividades espaciales, así como aumentar la seguridad y la eficiencia de dichas actividades.

El reconocimiento de la situación espacial (SSA, por sus siglas en inglés) es un elemento importante de la STM. La SSA se refiere a la capacidad de identificar el entorno espacial y las actividades en el espacio. Un componente clave de la SSA es el uso de sensores terrestres o espaciales, tales como radares o telescopios ópticos, para rastrear objetos espaciales. Los datos de rastreo de los múltiples sensores se combinan para estimar las órbitas de los objetos espaciales y las predicciones de sus trayectorias en el futuro. Otros componentes clave incluyen el clima espacial, la caracterización de objetos espaciales y las maniobras pre-planificadas, lo que se discutirá en el Capítulo Tres: Actividades en Órbita.

Si bien algunos países participan actualmente en prácticas que podrían considerarse como parte de la STM, no existe al momento una práctica estatal generalizada o régimen internacional establecido. En 2010, el gobierno de los Estados Unidos comenzó un programa que tiene como objetivo advertir sobre acercamientos a todos los operadores de satélites. Algunos otros países realizan advertencias similares a sus entidades nacionales. Es así como diversos operadores satelitales trabajan con un servicio de terceros, como la Asociación de Datos Espaciales (SDA, por sus siglas en inglés) o bien, con sus propias agencias espaciales, a fin de aumentar las advertencias y datos básicos para sus gobiernos (esto se discutirá más a detalle en el Capítulo Tres.) De igual forma, se han llevado a cabo iniciativas políticas internacionales con el propósito de discutir directrices voluntarias o normas para mejorar la seguridad y la sostenibilidad de las actividades espaciales, así como estudios para examinar las interacciones entre el tráfico aéreo y espacial y las posibles inquietudes sobre seguridad.

Existe un debate continuo sobre si un régimen internacional de STM debe comenzar con la práctica nacional o con un tratado internacional. Algunos también hacen comparaciones entre la STM y la gestión del tráfico aéreo y llaman a la creación de un nuevo tratado que establezca un organismo internacional encargado de fijar los estándares para la STM, similar a la función de la Organización de Aviación Civil Internacional (OACI), la cual se encarga de la gestión del tráfico aéreo. Sin embargo, la OACI fue creada para resolver las diferencias entre las regulaciones del espacio aéreo nacionales ya existentes. Además, los estándares del tráfico aéreo establecidos por la OACI requieren de su implementación por parte de los órganos administrativos y regulatorios nacionales, órganos de los que muchos países carecen actualmente en cuanto a actividades espaciales. Como resultado, existe una presión para que los Estados con mayor actividad espacial establezcan regímenes nacionales de STM, que puedan evolucionar hacia un régimen internacional en el futuro.

El Status de los Seres Humanos en el Espacio

A medida que los Estados y las empresas privadas contemplan y se preparan para las operaciones espaciales tripuladas, que parten de los vuelos suborbitales y más allá de la órbita terrestre, tendrán que abordar el status legal de los humanos en el espacio, dentro del marco internacional. El régimen de tratados establece derechos y responsabilidades particulares con respecto a los "astronautas", que podrían o no aplicarse a otros participantes de vuelos espaciales, como los turistas espaciales.

El Artículo V del Tratado del Espacio se refiere a los astronautas como "*enviados de la humanidad*" y requiere que los Estados brinden "*toda la ayuda posible en caso de accidente, peligro o aterrizaje forzoso*" en su territorio en alta mar. Esta asistencia también implica su regreso seguro e inmediato al Estado de registro de su vehículo espacial. En el espacio ultraterrestre y los cuerpos celestes, los Estados deben prestar "*toda la ayuda posible*" a los astronautas de otros Estados parte del tratado. Por último, los Estados también deben informar a otros Estados y al Secretario General de las Naciones Unidas sobre cualquier fenómeno que descubran en el espacio que pudiese constituir un peligro para la salud y la vida de los astronautas.

El Acuerdo sobre el Salvamento y la Devolución de Astronautas y la Restitución de Objetos Lanzados al Espacio Ultraterrestre desarrolla aún más y perfecciona los derechos y obligaciones de los humanos en el espacio. El significado llano de estos textos es en gran parte claro y destaca el espíritu pacífico y de cooperación que anima las obligaciones positivas que impone a los Estados. Sin embargo, ni estos tratados ni cualquier fuente posterior de derecho internacional hace una definición como tal del término "astronauta." La cuestión del status de los humanos en los viajes espaciales no será enfrentada de manera inmediata por muchos de los nuevos participantes en el espacio, aunque sí podrían considerarla en el futuro. Es posible que los Estados que buscan construir sus credenciales espaciales estén interesados en que sus ciudadanos se unan a la lista de los poco menos de 600 humanos que han viajado alguna vez al espacio ultraterrestre.

Protegiendo los Cuerpos Celestes

Además de las cuestiones ambientales discutidas en las secciones anteriores, la protección de los cuerpos celestes es un asunto de fondo, el cual algunos de los nuevos participantes en el espacio pueden enfrentar. El Artículo IX del Tratado del Espacio establece un compromiso positivo donde los Estados puedan ser guiados por el principio de cooperación y asistencia mutua y donde todas las actividades sean realizadas teniendo en cuenta debidamente los intereses correspondientes de los demás Estados parte. Con respecto al medio ambiente de los cuerpos celestes, todos los estudios y exploraciones se lleven a cabo *"de tal forma que no se produzca una contaminación nociva"*.

El Artículo además requiere que los Estados realicen *"las consultas internacionales oportunas"* antes de cualquier actividad o experimento donde tengan razones para creer que podrían causar interferencia potencialmente dañina en las actividades espaciales de otros Estados. Por último, los Estados pueden solicitar que se lleven a cabo consultas sobre las actividades o experimentos de otros Estados cuando tengan razones para creer que dichas actividades o experimentos puedan causar interferencia potencialmente dañina en sus propias actividades.

Si bien el texto del Artículo está relacionado con la protección del medio ambiente, es principalmente la segunda parte del Artículo IX la que se refiere a la protección de los cuerpos celestes, donde crea la obligación positiva de que los Estados adopten las medidas adecuadas para prevenir la contaminación nociva del espacio ultraterrestre y los cuerpos celestes. Esta oración de igual manera se refiere a la creación de desechos espaciales y la prevención de la introducción de materia extraterrestre a la Tierra. Como tal, este Artículo del Tratado refleja el deseo de los Estados por preservar los cuerpos celestes, lo que ha llevado a una mayor argumentación del significado de protección planetaria.

Como se mencionó anteriormente, COSPAR ha promulgado una Política de Protección Planetaria para misiones a otros cuerpos celestes. Dicha Política, cuya última actualización se llevó a cabo en marzo de 2011, refleja las inquietudes de los científicos interesados en el origen de la vida y la preocupación de que los ambientes celestes puedan ser contaminados, incluso de forma involuntaria, debido a aterrizajes de naves espaciales tripuladas o robóticas. La Política de Protección Planetaria establece cinco categorías de misiones según el destino involucrado y los tipos de misión (es decir, desde el orbitador, el *lander*, a la misión de reingreso a la Tierra; ver Tabla 2).

Las misiones Categoría I son aquellas dirigidas a cuerpos celestes que carecen de relevancia directa para la comprensión del proceso de evolución química o el origen de la vida e incluyen determinados tipos de asteroides y otros destinos a determinar. No se involucran cuestiones de protección planetaria para las misiones Categoría I, aunque utilicen orbitadores, *rovers* o *landers*.

Las misiones Categoría II cubren además orbitadores, rovers y landers, aunque se relacionan con misiones a cuerpos celestes importantes: Venus, Júpiter, Saturno, Urano y Neptuno, así como Ganimedes, Calisto, Titán, Tritón, Plutón y Caronte y Ceres, además de cometas, asteroides de condrita carbonácea y objetos del cinturón de Kuiper. Estas misiones Categoría II se dirigen a cuerpos celestes donde existe un interés científico significativo relacionado con el proceso de evolución química o el origen de la vida, aunque, debido al entorno físico del destino, solo existe una remota posibilidad de que la contaminación pueda comprometer futuras investigaciones. Las misiones Categoría II requieren de un registro de la posibilidad de impacto planeada y las medidas de control de la contaminación, así como documentación sobre las medidas de protección planetaria tomadas del plan general de protección planetaria, un informe previo al lanzamiento, el informe posterior al lanzamiento, el informe posterior al encuentro y un informe de final de la misión.

Las Categorías III a V son para misiones más avanzadas, ya sea sobrevuelos u orbitadores a Marte, Europa o Encélado (Categoría III), *landers* a Marte, Europa o Encelado (IV) o cualquier misión de reingreso a la Tierra (V). Las misiones de retorno a la Tierra provenientes de Venus o la Luna son clasificadas como "Regreso a la Tierra sin restricciones", mientras que las misiones a y desde Marte o Europa son "Misiones de regreso a la Tierra restringidas" que requieren de un mayor escrutinio.

Las directrices de COSPAR son implementadas a nivel nacional por las agencias espaciales y los gobiernos, a través de la concesión de licencias y marcos regulatorios o bien, son adoptadas a través de sus planes espaciales nacionales. En los Estados Unidos, la NASA cuenta con una Oficina de Protección Planetaria, una directiva de políticas para toda la Agencia, así como requerimientos de procedimientos obligatorios para sus misiones.

Categoria de Protección Planetaria		
Objetivos planetarios y ubicaciones	Tipos de Misiones	Categorías de Misiones
Indiferenciados, asteroides metamorfoseados; los otros por determinar.	Sobrevuelo, orbitador, Lander	I
Venus; La luna de la tierra Cometas no Asteroides de categoría I; Júpiter; joviano Satélites (excepto Io y Europa); Saturno; Satélites saturnianos (excepto Titán y Enceladus); Urano; Satélites uranianos; Neptuno; Satélites neptunianos (excepto Tritón); Objetos de cinturón de Kuiper (<1/2 del tamaño de Plutón); otros por determinar.	Sobrevuelo, orbitador, Lander	II+
Satélites helados donde hay un remoto potencial de contaminación de entornos de agua líquida, como Ganimedes. (Júpiter); Titán (Saturno); Tritón, Plutón y Caronte (Neptuno); otros por determinar.	Sobrevuelo, orbitador, Lander	II
Marte; Europa; Encelado; otros a determinar(Las categorías IVa-c son para Marte).	Sobrevuelo, orbitador	IIII
	Lander, sonda	IV (a-c)
Venus, luna otros a determinar "regreso a la tierra sin restricciones"	Regreso sin restricciones a la tierra	V (unrestricted)
Marte; Europa; Encelado; otros AD: "Retorno de la Tierra restringido".	Regreso sin restricciones a la tierra	V (restricted)

Tabla 2 - Categorías de Protección Planetaria

Fuera del interés por preservar los cuerpos celestes por su valor científico, existe también el deseo de proteger y preservar ciertas áreas y artefactos en los cuerpos celestes debido a su importancia histórica para la exploración espacial. Los lugares de aterrizaje de la Misiones Apolo, así como *el hardware* que los astronautas dejaron en la Luna e incluso las huellas icónicas de Neil Armstrong, Buzz Aldrin y los astronautas posteriores, son de valor cultural permanente. Lo mismo aplica para los *rovers* de la era soviética en la superficie de la Luna, así como los *Lunokhod* y los *rovers* en otros cuerpos celestes. Si bien se ha hablado de convertir algunos de estos sitios en Patrimonio Mundial de la Organización de las Naciones Unidas para la Educación, la Ciencia y la Cultura (UNESCO) antes de que sean invadidas por las misiones de las próximas generaciones; por el momento, depende de los gobiernos nacionales y sus agencias espaciales tratar de preservar estos sitios y artefactos en los que éstos tienen un interés particular.

Para las misiones planeadas a ciertos destinos, sería aconsejable que los participantes responsables se informen sobre las diversas políticas de protección planetaria y las observen en la ejecución de sus misiones.

Recursos Espaciales

Como se discutió al comienzo de este Capítulo, hay importantes libertades que permiten explorar y utilizar el espacio ultraterrestre. El Tratado del Espacio incluso asegura que esta exploración y uso "incumbe a toda la humanidad". Pero ¿qué derechos tienen los Estados, las empresas privadas o incluso las personas de utilizar los recursos espaciales? Si bien los redactores y negociadores del Tratado del Espacio consideraron este tema, lo dejaron lo suficientemente vago como para permitir un mayor refinamiento posterior. Sin embargo, este Tratado aunque consagra libertades significativas en el espacio, tiene algunas prohibiciones. El Artículo II del Tratado del Espacio establece que:

Para las misiones planeadas a ciertos destinos, sería aconsejable que los participantes responsables se informen sobre las diversas políticas de protección planetaria y las observen en la ejecución de sus misiones.

> *"El espacio ultraterrestre, incluso la Luna y otros cuerpos celestes, no podrán ser objeto de apropiación nacional por reivindicación de soberanía, uso u ocupación, ni de ninguna otra manera".*

Este Artículo pudo haberse acortado si se hubiera limitado a decir "El espacio ultraterrestre no está sujeto a la apropiación nacional", pero incluyó cláusulas adicionales a fin de explicar la prohibición negativa que contiene. Enlistar la Luna y otros cuerpos celestes muestra que la prohibición aplica tanto a los cuerpos celestes físicos como al espacio "vacío." Más importante, el listado de reclamos por soberanía y el uso de o la ocupación del espacio es una lista de métodos (o medios) que no justificarían la apropiación de un Estado del espacio ultraterrestre. Ni una declaración (como una reclamación) ni un acto físico (como el uso o la ocupación) constituyen una apropiación legal. El listado del Artículo II no es exhaustivo; es meramente ilustrativo de los pocos métodos explícitos que no legitiman la apropiación nacional en el espacio. Adicionalmente, el término "cuerpo celeste" no está definido en ninguna parte del derecho internacional y pueden surgir preguntas sobre si un asteroide o un cometa es un "cuerpo celeste" tal como uno de los grandes planetas de nuestro sistema solar.

La interpretación subsecuente de esta prohibición puede pasar a primer plano a medida que se hacen posibles una serie de actividades en el espacio. Considere una situación donde una misión tripulada a Marte llega a su destino después de varios meses en el espacio. Una interpretación de la prohibición podría indicar que les es prohibido acceder al hidrógeno congelado en las regiones polares o las aguas congeladas para, por ejemplo, mezclar el combustible del cohete y crear aire respirable o agua potable. Según esta interpretación, todo el combustible, el agua y el aire que usen en Marte debe provenir de la Tierra. Esta es una interpretación estricta del Tratado y puede ser contraria a la interpretación propuesta por los redactores originales. Las amplias libertades consagradas en otras partes del Tratado, así como el propósito y el contexto para el cual fue creado, sugiere lo contrario.

Una interpretación alternativa sería que el uso de las reservas de agua congelada en Marte no calificaría como una apropiación nacional y, por lo tanto, no estaría bajo el mando soberano de una nación a millones de kilómetros de distancia. De esta forma, tanto los EE. UU. como la entonces URSS recuperaron muestras lunares, actuado de forma compatible con la reivindicación y la transferencia de derechos de propiedad sobre esas muestras, lo cual no se ha impugnado.

Mientras se examina la cuestión del uso de los recursos espaciales, los propósitos del Tratado del Espacio parecerían contrarios a las prohibiciones excesivamente drásticas que limitarían la próxima generación de actividades espaciales. Siempre que el uso de los recursos espaciales se ajuste a los propósitos del Tratado, promueva los objetivos del Tratado o se ajuste al derecho internacional, está permitido. Además, siempre que estas actividades no alcancen el nivel de un Estado que establece una apropiación soberana, similar a una colonización del espacio o de los cuerpos celestes, están de igual forma permitidas.

Los Estados que consideren actividades o industrias de recursos espaciales en la próxima generación de actividades espaciales, harán bien al considerar cómo interpretarán sus derechos de uso y exploración del espacio de conformidad con el Tratado del Espacio y cómo esos derechos se equilibrarán o restringirán en virtud del Artículo II del Tratado del Espacio.

> **Los Estados que consideren actividades o industrias de recursos espaciales en la próxima generación de actividades espaciales, harán bien al considerar cómo interpretarán sus derechos de uso y exploración del espacio de conformidad con el Tratado del Espacio y cómo esos derechos se equilibrarán o restringirán en virtud del Artículo II del Tratado del Espacio.**

ORGANISMOS COMPETENTES

Los nuevos actores deben ser conscientes de la existencia de las organizaciones que se enuncian a continuación al llevar a cabo actividades espaciales.

Organizaciones Intergubernamentales Internacionales

Grupo de Observaciones de la Tierra (GEO, por sus siglas en inglés):
Establecido en 2005, el Grupo de Observaciones de la Tierra actualmente integra a más de 200 países y organizaciones participantes busca incrementar la interoperabilidad entre diversos sistemas de observación de la Tierra. **www.earthobservations.org/**

Comité Interinstitucional de Coordinación en materia de Desechos Espaciales:
Fundado en 1993, el Comité Interinstitucional de Coordinación en materia de Desechos Espaciales (IADC por sus siglas en inglés) es un foro gubernamental a nivel internacional conformado por agencias espaciales y se enfoca en la

coordinación mundial de actividades relativas a desechos espaciales naturales o creados por el hombre. El IADC formuló directrices técnicas con relación a la mitigación de los desechos espaciales. **www.iadc-online.org/**

Comité Internacional sobre los Sistemas de Satélites de Navegación Mundial:
Establecido en 2005, el Comité Internacional sobre los Sistemas de Satélites de Navegación Mundial se esfuerza en fomentar la cooperación voluntaria en aspectos de interés mutuo relacionados con los servicios civiles de posicionamiento y tiempo por satélite (PNT por sus siglas en inglés) y otros servicios de valor agregado. Ello incluye una coordinación entre los proveedores del GNSS, los sistemas regionales y las calibraciones con el objetivo de asegurar una mayor compatibilidad, interoperabilidad y transparencia. **www.unoosa.org/oosa/en/ourwork/icg/icg.html**

Unión Internacional de Telecomunicaciones:
La Unión Internacional de Telecomunicaciones (UIT) es un organismo especializado del sistema de Naciones Unidas con sede en la ciudad de Ginebra, Suiza. Su tarea es facilitar un acceso equitativo al espectro electromagnético y a los recursos orbitales relacionados con los servicios satelitales y promover el avance, la implementación y el funcionamiento efectivo de estos servicios. La UIT administra el proceso internacional de coordinación de frecuencias, desarrolla estándares internacionales y mantiene el MIFR. Además, cada tres o cuatro años, la UIT convoca a las Conferencias Mundiales de Radiocomunicaciones (WRC, por sus siglas en inglés) a fin de revisar o adoptar disposiciones del Reglamento Internacional de Radiocomunicaciones un Tratado que contiene las disposiciones regulatorias, de procedimientos, operacionales y técnicas aplicables a los espectros de radiofrecuencia y a los recursos orbitales. Cada país tiene un voto en las WRC, aunque, numerosas decisiones son adoptadas por consenso. **www.itu.int/**

Naciones Unidas:
Establecida por la Carta de Naciones Unidas en 1945, la organización de las Naciones Unidas es la institución política intergubernamental más grande e importante a nivel internacional. Sus órganos principales (la Asamblea General, el Consejo de Seguridad, el Consejo Económico y Social, la Secretaría y la Corte Internacional de Justicia) trabajan para mantener la paz y la seguridad internacionales, coopera para resolver problemas internacionales de carácter económico, social, cultural y humanitario y para fomentar el respeto a los derechos humanos y las libertades fundamentales. **www.un.org/**

Asamblea General de las Naciones Unidas:
La Asamblea General es principal órgano deliberativo de las Naciones Unidas, la cual es integrada por todos los Estados miembros, cada uno de los cuales dispone de un voto sobre todas las decisiones. La Asamblea General se reúne cada año en Nueva York, en la sede de Naciones Unidas, durante la segunda mitad del mes de septiembre. La votación para las decisiones relativas a aspectos importantes (como la paz, la seguridad y la inclusión de nuevos miembros) requieren de una mayoría de dos tercios, mientras que el resto de las cuestiones requieren de una mayoría simple. Mucho del trabajo de la Asamblea General se lleva a cabo por medio de sus comisiones y otros órganos, dos de los cuales se ocupan de los asuntos relativos al espacio ultraterrestre. **www.un.org/en/ga/**

Primera Comisión:
La Primera Comisión de la Asamblea General de las Naciones Unidas es la Comisión de Desarme y Seguridad Internacional, la cual se ocupa del desarme general y de cuestiones relativas a la seguridad internacional, donde se hace referencia ocasionalmente a aspectos relacionados con el espacio ultraterrestre. **www.un.org/en/ga/first/**

Cuarta Comisión:
La Cuarta Comisión es la Comisión Política Especial y de Descolonización. El informe anual de COPUOS es recibido por la Cuarta Comisión, la cual también crea el mandato de COPUOS para el siguiente año de trabajo. **www.un.org/en/ga/fourth/**

Comisión de las Naciones Unidas sobre la Utilización del Espacio Ultraterrestre con Fines Pacíficos:
Establecida por una resolución de la Asamblea General de las Naciones Unidas en 1958, (COPUOS, por sus siglas en inglés) es la comisión principal de Naciones Unidas que aborda las actividades espaciales. COPUOS y sus dos Subcomisiones se reúnen en Viena, Austria: la Subcomisión de Asuntos Científicos y Técnicos (STSC, por sus siglas en inglés), la cual se reúne durante dos semanas en el mes de febrero de cada año; la Subcomisión de Asuntos Jurídicos (LSC, por sus siglas en inglés), que se reúne durante dos semanas en el mes de marzo de cada año, y; el plenario de COPUOS, el cual se lleva a cabo en el mes de junio durante una semana y media. Para 2017, la membresía (la cual sólo se encuentra abierta a los Estados) era de 84 Estados y creciendo; asimismo, un gran número de observadores permanentes intergubernamentales y no gubernamentales también atienden las reuniones. Los informes de COPUOS se envían para su aprobación

a la Cuarta Comisión de la Asamblea General. COPUOS es el organismo donde los principales instrumentos jurídicos, tales como el Tratado del Espacio Ultraterrestre, fueron redactados y negociados. **www.unoosa.org/**

Oficina de las Naciones Unidas de Asuntos del Espacio Ultraterrestre:
Con sede en Viena, Austria, la Oficina para Asuntos del Espacio Ultraterrestre (OOSA) es parte de la Secretaria de las Naciones Unidas y cuenta con dos secciones: la sección de la Comisión, Política y Asuntos Legales y la sección de Aplicaciones Espaciales. OOSA actúa como la Secretaría de COPUOS y de sus dos Subcomisiones. El Programa sobre Aplicaciones Espaciales de OOSA apoya a los países en desarrollo en el uso de la tecnología espacial para su desarrollo, proporcionando asistencia técnica, capacitación y programas de becas en percepción remota, comunicación satelital, meteorología por satélite, navegación satelital, derecho espacial y ciencias espaciales básicas. OOSA es también responsable del registro de Naciones Unidas de objetos espaciales y funge como Secretaría del ICG. Asimismo, administra la Plataforma de las Naciones Unidas de Información Obtenida desde el Espacio para la Gestión de Desastres y Respuesta a Emergencias (UN-SPIDER, por sus siglas en inglés) con oficinas en Viena, Austria; Bonn, Alemania y; Beijing, China. **www.unoosa.org/**

Conferencia de Desarme de las Naciones Unidas:
Con sede en Ginebra, Suiza, como sucesora de las anteriores comisiones de la ONU relacionadas con el desarme, la actual Conferencia de Desarme (CD, por sus siglas en inglés) establecida en 1980, aborda diversos asuntos interrelacionados con el desarme, incluyendo, como un tema regular en su agenda, la prevención de una carrera armamentista en el espacio ultraterrestre (PAROS, por sus siglas en inglés). **www.unog.ch/cd**

Comisión de Expertos de las Naciones Unidas en Gestión de Información Geoespacial:
Creado en 2011, el Comité de las Naciones Unidas de Expertos sobre la Gestión Mundial de la Información Geoespacial (UN-GGIM, por sus siglas en inglés) ofrece un foro para la coordinación y el intercambio entre los Estados y las organizaciones internacionales sobre el desarrollo de la información geoespacial global y su uso para abordar los desafíos globales. **http://ggim.un.org/**

Organización Meteorológica Mundial:
Establecida en 1950, la OMM es una agencia especializada de las Naciones Unidas

dedicada a la cooperación internacional en las áreas de meteorología, hidrología y aplicaciones relacionadas. La OMM facilita la formulación de políticas y el intercambio de información relacionados con estas áreas, manteniendo una serie de estándares de referencia y conjuntos de datos para tal fin. El Programa Espacial de la OMM trabaja para coordinar la disponibilidad y la utilización de fuentes de datos basadas en el espacio y productos para propósitos de monitoreo del clima y fenómenos meteorológicos en los 191 Estados miembros de la OMM. **www.wmo.int**

Organizaciones no Gubernamentales

Diversas organizaciones no gubernamentales, asociaciones comerciales u otros grupos basados en membresías existen con el propósito de proporcionar a la industria funciones de coordinación promoción y educación. Estas entidades pueden ser de naturaleza nacional o internacional y pueden pertenecer específicamente al sector espacial y satelital o bien, incluir al espacio dentro de un grupo más amplio de actores de la industria aeroespacial o de defensa. Algunos ejemplos que ilustran este tipo de organizaciones son los siguientes:

Consejo de Comunicaciones satelitales Asia-Pacífico:
El Consejo de Comunicaciones Satelitales Asia-Pacífico (APSCC, por sus siglas en inglés) es una asociación internacional sin fines de lucro que representa a todos los sectores de la industrial satelital y/o espacial. Sus miembros incluyen fabricantes de satélites, proveedores de servicios de lanzamiento, proveedores de servicios satelitales, compañías de gestión de riesgos de satélites, operadores de telecomunicaciones y emisoras, provenientes de Asia, Europa y Norteamérica. La misión general del APSCC es fomentar el desarrollo y el uso de servicios de comunicación y radiodifusión por satélite, así como otros aspectos de las actividades espaciales para el bienestar socioeconómico y cultural de la región Asia-Pacífico. **http://www.apscc.or.kr/**

Federación de Vuelos Espaciales Comerciales:
La Federación de Vuelos Espaciales Comerciales (CSF, por sus siglas en inglés) es una organización comercial con sede en Estados Unidos, la cual se enfoca principalmente en la industria de trasporte espacial comercial. La CSF se fundó en el 2006 y actualmente cuenta con más de 70 organizaciones miembros. Los objetivos principales de la CSF son: promover la innovación tecnológica, guiar la expansión de la esfera económica mundial, reforzar el liderazgo de los Estados Unidos de América en el sector aeroespacial e inspirar a la siguiente generación de ingenieros y exploradores del país. **http://www.commercialspaceflight.org/**

Asociación Europea de Compañias de Percepción Remota:
La Asociación Europea de Compañías de Percepción Remota (EARSC, por sus siglas en inglés) es una organización sin fines de lucro, basada en membresías, que estimula el uso de la tecnología de observación de la Tierra, con énfasis en las empresas europeas que promueven productos y servicios relacionados con la observación de la Tierra. La misión de la EARSC es impulsar el desarrollo de la industria de servicios de información geográfica en Europa. Para diciembre de 2016, EARSC contaba con 85 organizaciones miembros. El estatus de miembro observador está disponible para cualquier organización que use o provea observaciones de percepción remota de la Tierra y su entorno, independientemente del tipo de sensor o fuente que utilice (por ejemplo: satélite, aeronave o vehículo aéreo no tripulado). **http://earsc.org/**

Asociación de Operadores de Satélites de Europa, Medio Oriente y África:
La Asociación de Operadores de Satélites de Europa, Medio Oriente y África (ESOA, por sus siglas en inglés) tuvo sus inicios en 2002 como una organización sin fines de lucro que representa a los operadores de satélites europeos; en 2015 se expandió para cubrir a los operadores en la región de Medio Oriente y África. El objetivo de la ESOA es ser la voz unificada de los operadores de satélites regionales y globales ante las organizaciones y órganos reguladores internacionales, regionales y nacionales, y, además, alcanzar la coordinación global entre todos los operadores satelitales del mundo. **www.esoa.net**

Unión Internacional de Radioaficionados:
Fundada en 1925, la Unión Internacional de Radioaficionados (IARU, por sus siglas en inglés) es una organización internacional para la cooperación y coordinación de radiofrecuencias destinadas a aficionados, incluyendo a aquellos aficionados que utilizan aplicaciones satelitales *amateur*. IARU cuenta con una división de Coordinación de Frecuencias de Satélites y su división de Asesoría Satelital IARU, que puede ayudar en la planificación de la telemetría espacial, telemando y frecuencias operativas. La coordinación de frecuencias con la IARU es necesaria en algunas naciones para la transmisión desde el espacio de ciertas frecuencias asignadas a los aficionados. **www.iaru.org/satellite.html**

Federación Internacional de Astronáutica:
Establecida en 1951 por científicos de todo el mundo interesados en el diálogo y la colaboración en el campo de la investigación espacial, la Federación Internacional de Astronáutica (IAF, por sus siglas en inglés) celebra anualmente el Congreso Internacional de Astronáutica (IAC, por sus siglas en inglés) en diferentes destinos,

generalmente en temporada de otoño, así como otras conferencias mundiales sobre la exploración espacial, las ciencias espaciales y temas relacionados. **www.iafastro.org/**

Instituto Internacional de Derecho Espacial:
Fundado en 1960, el Instituto Internacional de Derecho Espacial (IISL, por sus siglas en inglés) está conformado por instituciones e individuos elegidos en función de sus contribuciones a los campos del derecho espacial y ciencias sociales relacionadas. Dedicado a promover el desarrollo del derecho espacial, el IISL organiza y celebra un coloquio anual en el marco del IAC, en colaboración con la IAF; publica un volumen anual sobre sus procedimientos y, organiza una competencia anual de juicios simulados (moot court competition) sobre derecho espacial, entre otros eventos. El IISL es un observador permanente en COPUOS y en los últimos años ha organizado conjuntamente un simposio en el primer día de reuniones del LSC de COPUOS. **www.iislweb.org**

Organización Internacional de Normalización:
Con sede en Ginebra, Suiza, la Organización Internacional de Normalización (ISO) es una organización independiente que cuenta con 163 miembros de entidades nacionales de estandarización. A través de sus miembros, reúne a expertos para compartir conocimiento y desarrollar normas internacionales, de manera voluntaria y basadas en el consenso, relevantes para el mercado, las cuales apoyen la innovación y brinden soluciones ante los desafíos globales. ISO mantiene una Comisión Técnica Permanente sobre Aeronaves y Vehículos Espaciales (TC20) y Subcomisiones sobre Sistemas de Transferencia de Datos e Información Espaciales (SC13) y Sistemas Espaciales y Operaciones (SC14). **www.iso.org/**

Consorcio Geoespacial Abierto:
El Consorcio Geoespacial Abierto (OGC, por sus siglas en inglés) es una organización sin fines de lucro, basada en membresías, dedicada al desarrollo y la difusión de estándares de fuentes abiertas para la comunidad geoespacial internacional. Sus miembros incluyen representantes del sector privado de las industrias espaciales, aéreas y terrestres de percepción remota, agencias gubernamentales, academia, organizaciones de investigación y organizaciones no gubernamentales. El OGC trabaja a través de un proceso de consenso a fin de desarrollar estándares para la interoperabilidad y el intercambio de información geoespacial, independientemente de la fuente. Está compuesto por más de 500 organizaciones de todo el mundo. **www.opengeospatial.org**

Asociación de la Industria Satelital:

La Asociación de la Industria Satelital (SIA, por sus siglas en inglés) es una asociación comercial de los Estados Unidos que representa a la industria satelital comercial. La SIA se formó en 1995 por varias de las principales compañías satelitales de Estados Unidos como un foro para discutir temas y desarrollar posiciones en toda la industria sobre negocios compartidos, regulaciones e intereses políticos. La SIA ha establecido activos grupos de trabajo involucrados con una serie de temas políticos, así como temas relacionados con servicios gubernamentales, seguridad pública, políticas de control de exportaciones, asuntos de comercio internacional y asuntos regulatorios (concesión de licencias satelitales, asignación del espectro y políticas regulatorias). La SIA es ahora reconocida como punto focal para la industria satelital de los Estados Unidos. Con sede en Washington, DC, representa y defiende las posiciones de la industria ante políticos clave del Capitolio y de la Casa Blanca, de la Comisión Federal de Comunicaciones y de la mayoría de los departamentos y agencias del Poder Ejecutivo. **http://www.sia.org/**

Space Frequency Coordination Group:

Comprised on member agencies including space agencies and international Compuesto por agencias, incluidas agencias espaciales y organizaciones internacionales, el Grupo de Coordinación de Frecuencias Espaciales (SFCG, por sus siglas en inglés) trabaja de manera informal para elaborar resoluciones y recomendaciones que reflejan acuerdos técnicos y administrativos orientados a la prevención y mitigación de riesgos de interferencia en radiofrecuencias. La efectividad de las recomendaciones del SFCG depende de la aceptación e implementación voluntaria por parte de sus miembros. **www.sfcgonline.org/**

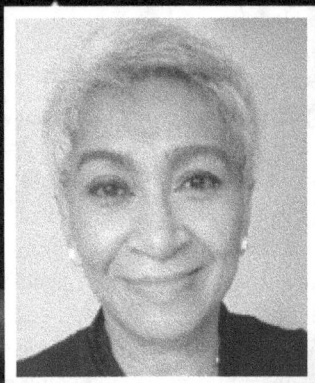

Mazlan Othman, PhD

Antigua directora de la Oficina de Asuntos del Espacio Ultraterrestre de las Naciones Unidas.

INTRODUCCIÓN

Una política espacial y un sistema administrativo son aspectos esenciales de la gobernanza de una nación en la empresa espacial. Una estructura seria hace posible la regulación de los actores y de las actividades espaciales, alineándolos con los objetivos de desarrollo nacional, así como con las obligaciones regulatorias del país a nivel internacional.

Este Capítulo discute la política espacial nacional, cuyo propósito es definir los papeles y responsabilidades de los diferentes actores y partes interesadas. Ilustra los diversos componentes que conforman el ecosistema de la empresa espacial, los cuales abarcan, inter alia, la inversión por parte del sector privado, los intereses de las entidades no gubernamentales y la sociedad civil, el papel fundamental de la ciencia y la tecnología y, la aplicación de los controles sobre las exportaciones e importaciones.

Entre tanto, en el contexto de las obligaciones internacionales de una nación, es necesario un esquema de supervisión nacional. El Capítulo hace énfasis en los diversos reguladores cuya jurisdicción sobre la concesión de licencias, la gestión de frecuencias, los controles de exportación, la contratación, las disputas y las responsabilidades, debe ser definida.

Al final del Capítulo se presenta un caso sobre percepción remota que demuestra la necesidad de orquestación entre las políticas y la supervisión.

Los temas tratados en este Capítulo son parte de una plétora de compromisos de una nación en la compleja gestión de la empresa espacial. Hace dos décadas y media cuando inicié el programa espacial nacional de Malasia, muchas de estas cuestiones estaban ocultas y eran un gran misterio para mí. Los nuevos actores en el negocio espacial de hoy se beneficiarán enormemente de la orientación proporcionada en este libro.

DOS

POLÍTICA Y ADMINISTRACIÓN ESPACIAL NACIONAL

Este Capítulo proporciona una visión general de cómo y porqué los Estados crean marcos nacionales para las actividades espaciales a través de políticas y regulaciones. Una política es un principio o un conjunto de principios empleados para dirigir la toma de decisiones y las acciones.

En el contexto gubernamental, una "política pública" se refiere a por qué, cómo y con qué efecto los gobiernos siguen determinados cursos de acción o inacción. Las decisiones de política pública a menudo implican sopesar los impactos potenciales positivos y negativos de las opciones disponibles. Estas decisiones se complican aún más por la participación de distintos grupos de interés y actores políticos, quienes tienen perspectivas que compiten entre sí en cuanto a los procesos de toma de decisiones. Conjuntamente, la "administración pública" se refiere a la implementación de políticas a través de la organización de la burocracia gubernamental, el establecimiento de programas e instituciones y el funcionamiento cotidiano de los servicios y las actividades.

Este Capítulo se divide en dos secciones principales. La primera se centra en los aspectos de política pública de los marcos nacionales, incluyendo las diversas formas en que la política espacial puede establecerse: el por qué los Estados establecen la política nacional; la relación entre el espacio y la ciencia, la tecnología y la política de innovación, así como el papel de la cooperación internacional. La segunda sección se enfoca en la administración pública: en cómo los países ejecutan su propia política nacional y sus compromisos internacionales mediante estructuras regulatorias y administrativas.

POLÍTICA PÚBLICA

La política puede establecerse mediante diversos métodos, muchos de los cuales pueden estar interactuando al mismo tiempo. Una forma sería mediante los tratados y acuerdos internacionales, bilaterales y multilaterales, por los que un Estado queda obligado. La política nacional puede consolidarse explícitamente mediante procesos formales de toma de decisiones, a través, por ejemplo, de comisiones intra-gubernamentales o de legislaciones. La política también se establece implícitamente mediante la decisión de no adoptar un camino en particular y puede manifestarse a través de contextos culturales o ideológicos que impacten en la toma de decisiones y en las opciones. En los países con una división entre los poderes ejecutivo y legislativo, la política puede que no sea consistente e incluso puede ser contradictoria.

En el contexto del espacio ultraterrestre, la política puede tomar diversas formas. Algunos Estados eligen poner en marcha una política espacial nacional que puede o no estar acompañada por políticas más específicas que abarquen sectores espaciales concretos, como lanzamientos, comunicaciones o percepción remota. Otros Estados eligen establecer la política en niveles organizacionales o mediante una legislación que establezca programas y proyectos específicos. Desarrollar una política o estrategia espacial nacional—la documentación del gobierno nacional que detalla los objetivos y prioridades nacionales para el espacio—públicamente accesible es una forma de comunicar las intenciones y prioridades de un programa espacial nacional. Además, ofrece una idea sobre cuál es el presupuesto que va a las actividades espaciales de una nación, incrementando el nivel general de transparencia. Asimismo, desarrollar una política o estrategia espacial nacional obliga a un gobierno a recorrer el proceso de diálogo intergubernamental sobre las prioridades y los objetivos de su programa espacial, información que entonces puede utilizarse para orientar las discusiones nacionales e internacionales. Las siguientes secciones ofrecen una perspectiva general de los diferentes usos y elementos en común de política espacial.

Fundamentos, Objetivos y Principios

Una política espacial nacional brinda los fundamentos por los que un Estado decide participar en las actividades espaciales. Los argumentos y la motivación para participar en actividades espaciales pueden diferir drásticamente entre Estados. Algunos de ellos eligen participar en toda la gama del espectro de dichas actividades, a través de los sectores comercial, civil y de seguridad nacional, mientras que otros eligen enfocarse en o excluir tipos específicos de actividades. En algunos casos, esta elección puede reflejar una decisión nacional sobre una interpretación especifica de lo que significa la utilización del espacio con fines pacíficos o, una relación de Estado y una aproximación ideológica con su sector privado. Definir explícita y públicamente los fundamentos para las actividades espaciales puede también formar parte de una estrategia para fomentar el apoyo político interno orientado al financiamiento de las actividades espaciales.

Caso Práctico: Misión a Marte de los Emiratos Árabes Unidos
En el mes de julio de 2014, el gobierno de los Emiratos Árabes Unidos (UAE por sus siglas en inglés) anunció su objetivo de desarrollar y lanzar una nave espacial robótica a la órbita de Marte. El proyecto marca una expansión ambiciosa de las actividades espaciales de los UAE, que previamente se habían enfocado en la percepción remota, las comunicaciones y es coincidente con el establecimiento de la Agencia Espacial de Emiratos Árabes Unidos. El compromiso de UAE de un proyecto exploración científica en Marte comprende diversos de los objetivos y motivaciones característicos de los programas espaciales gubernamentales.

Las autoridades de los Emiratos han descrito tres motivos clave para el proyecto: simbolismo e inspiración; actuar como catalizador para el conocimiento y el desarrollo de habilidades y; proveer un proyecto de anclaje para la industria espacial local en los Emiratos Árabes. El lanzamiento de la nave espacial será simbólicamente importante, ya que se prevé llegará a Marte en el año 2021, lo cual coincide con el 50 aniversario de la independencia de los Emiratos Árabes Unidos. La misión ha sido nombrada "*Hope*" (Esperanza) con la finalidad explícita de enviar un mensaje de optimismo.

Los Emiratos Árabes ha definido objetivos científicos específicos para la misión y están involucrando a universidades nacionales para la ejecución de actividades científicas. Está programado que la nave espacial y los elementos de apoyo asociados con la misión se fabriquen en su totalidad por ciudadanos de los Emiratos, con hasta 150 personas empleadas en el programa.

A pesar de la naturaleza del proyecto, liderado en su totalidad por los Emiratos Árabes, se demuestra el papel que las asociaciones internacionales juegan en la ejecución de programas espaciales nacionales. La nave espacial se lanzará a través de un vehículo de lanzamiento japonés; además, el gobierno de los Emiratos Árabes ha celebrado diversos

acuerdos de cooperación con otras naciones (incluyendo
Estados Unidos y Rusia) con el fin de intercambiar información
relacionada con la ciencia y exploración de Marte. Mediante
estos acuerdos, los Emiratos buscan acceso a capacitación y
desarrollo de conocimiento para sus científicos e ingenieros.
Para tal fin, la Agencia Espacial de Emiratos también ha
celebrado un acuerdo con Lockheed Martin, en virtud del
cual se implementará un programa de capacitación sobre
competencias relativas al espacio dirigido a estudiantes y
jóvenes profesionistas. Este programa no solo está relacionado
con la misión a Marte, sino que evidencia, además, el énfasis
de los Emiratos Árabes por enlazar el desarrollo espacial con la
construcción de capacidades en las ramas científica y técnica.

La política espacial nacional de igual forma proporciona los objetivos a alcanzar dentro de las actividades espaciales que hacen que un Estado elija participar. La razón para hacerlo es confirmar un alto nivel de orientación sobre las metas que un Estado está persiguiendo. Estos objetivos pueden ser específicos, tales como lograr ciertos cometidos en un periodo específico de tiempo, o más, incrementar el prestigio nacional. Delinear explícitamente estos objetivos no sólo brinda una señal a otros países, sino que también puede ayudar a generar apoyo nacional y motivación para actividades y programas espaciales concretos.

La política espacial nacional de igual manera puede definir los principios con los cuales un Estado dirigirá sus actividades espaciales. Estos principios pueden utilizarse para reafirmar o demostrar la adhesión del Estado hacia los acuerdos y tratados internacionales y delinear los principios nacionales que tienen una base histórica, cultural o ideológica. Asimismo, los principios en una política espacial nacional pueden estructurar el cimiento para las políticas gubernamentales en los niveles subsecuentes, en sectores específicos como la seguridad nacional o el espacio comercial.

Quienes proponen una nueva actividad espacial en un país les convendría medir la compatibilidad de su proyecto con la política nacional y los principios relacionados con el espacio ultraterrestre. Si se presentan graves incompatibilidades, necesitarán implementar estrategias para afrontarlas durante su proceso de planeación.

Función y Responsabilidades Gubernamentales

Una segunda función importante de la política espacial nacional es definir los papeles y las responsabilidades entre diversas agencias y entidades gubernamentales con el fin de cumplir con las obligaciones del Estado bajo el marco internacional, discutido en el Capítulo Uno. Los Estados necesitan asignar responsabilidades a las entidades gubernamentales que realizan funciones como la administración y concesión de licencias de radiofrecuencia, empleadas por los satélites de comunicación, la concesión de licencias de satélites de percepción remota y el mantenimiento de un registro nacional de objetos espaciales.

Quienes proponen una nueva actividad espacial en un país les convendría medir la compatibilidad de su proyecto con la política nacional y los principios relacionados con el espacio ultraterrestre. Si se presentan graves incompatibilidades, necesitarán implementar estrategias para afrontarlas durante su proceso de planeación.

De igual manera, la política espacial nacional puede funcionar para orientar Los Estados cuentan con múltiples opciones sobre cómo asignar funciones y responsabilidades. A pesar de que algunos países elijen consolidar todas sus actividades espaciales en una organización, es mucho más común que existan múltiples entidades gubernamentales que tengan a su cargo una parte de las actividades espaciales o su supervisión. Esta separación de labores podría ser funcional, al dividir las responsabilidades de la concesión de licencias entre agencias dependiendo de su experiencia. La división podría ser también entre las actividades espaciales relacionadas con la seguridad civil y la seguridad nacional, con el fin de permitir un reconocimiento público y una cooperación internacional más más facilidad, mientras que además protege la tecnología sensible o las capacidades.

De igual manera, la política espacial nacional puede funcionar para orientar la coordinación entre las agencias o entidades nacionales. Si los roles o las responsabilidades se dividen entre múltiples agencias gubernamentales, con frecuencia se da el caso de que habrá una necesidad para algunas de estas agencias de coordinar a su vez sus actividades con otras entidades. Esta coordinación posiblemente no suceda de manera natural, ya que podría implicar discrepancias por poder, control y presupuesto. La política espacial puede emplearse para dirigir la coordinación con otras agencias en circunstancias dónde sus responsabilidades se dupliquen o, dirigir la coordinación con el sector privado o entidades internacionales con el fin de cumplir los objetivos y principios de política.

El proceso por el cual un gobierno toma decisiones de política espacial nacional es importante y puede diferir ampliamente según el país. El proceso de toma de decisiones a nivel intergubernamental ayuda a asegurar que las políticas relacionadas con el espacio sean consistentes con los objetivos políticos más amplios, por ejemplo, la política exterior o los objetivos de la política de innovación. Las decisiones que toman las agencias o entidades gubernamentales individualmente, sin la coordinación y aportación de otros grupos de interés, incluyendo el sector privado, son probablemente las más deficientes. Esto se debe a que las barreras entre las actividades espaciales comerciales, civiles y de seguridad nacional se vuelven paulatinamente imprecisas. La mayor parte de la tecnología espacial es de uso dual y las decisiones políticas sobre tecnología espacial necesitan encontrar un equilibrio entre el control del acceso a la tecnología para minimizar los riesgos de seguridad nacional y aumentar sus beneficios socioeconómicos. Como resultado, las decisiones políticas relacionadas con las actividades espaciales a menudo serán producto de la coordinación y colaboración de las principales agencias y órganos gubernamentales y pueden beneficiarse de la contribución de los órganos asesores que representan otras partes interesadas tanto de fuera como dentro del gobierno.

Para los nuevos actores en el espacio, es importante implementar de forma administrativa sus políticas y responsabilidades nacionales. Los nuevos actores estatales deben

Para los nuevos actores en el espacio, es importante implementar de forma administrativa sus políticas y responsabilidades nacionales. Los nuevos actores estatales deben determinar cuál es la mejor forma de establecer sus obligaciones internacionales, mientras avanzan sus prioridades nacionales.

determinar cuál es la mejor forma de establecer sus obligaciones internacionales, mientras avanzan sus prioridades nacionales.

A pesar de que las políticas espaciales nacionales de cada Estado son un reflejo único de su política, su cultura y sus prioridades, existen algunos temas en común que suceden dentro de varias políticas espaciales nacionales. Estos temas reflejan los desafíos en común que enfrentan los Estados y las prioridades que intentan promover mediante de sus políticas espaciales nacionales.

El Papel del Espacio en la Política de la Ciencia, Tecnología e Innovación

Los importantes beneficios socioeconómicos recogidos por las naciones espaciales establecidas, como los EE. UU. y la India, han sido referidos como un factor clave de motivación por los países espaciales emergentes, los cuales comienzan a realizar inversiones iniciales en el espacio. A menudo ligadas a objetivos estratégicos más amplios como las políticas de ciencia, tecnología e innovación (STI, por sus siglas en inglés), las actividades espaciales pueden incluir además un alto grado de inversión en ciencia básica, investigación y desarrollo (I+D), con el objetivo de contribuir a la economía nacional en sectores distintos del espacial. En este sentido, la política espacial gubernamental puede ser un subconjunto de la política de STI y el espacio puede ser uno de los demás objetivos clave de innovación, como lo es la energía, la aeronáutica, la salud pública y la informática.

Las políticas de STI se enfocarán generalmente en las interacciones entre los actores relevantes gubernamentales, la academia y la industria, involucrados en la educación, la ciencia básica y aplicada, la tecnología y la innovación. La coordinación de los esfuerzos relacionados con las STI entre los diferentes actores es a menudo un desafío clave, al igual que la capacidad de los actores dentro del ecosistema para integrar productos o procesos innovadores. Un desafío en particular es superar la brecha entre avanzar de la investigación básica a la adopción comercial, concepto a veces conocido como el "valle de la muerte". En este sentido, las políticas de STI buscarán no solo fomentar la innovación (por ejemplo, con normas de propiedad intelectual; subvenciones o premios), sino también desarrollar los mecanismos para sostener la innovación a través de los diferentes ciclos de desarrollo a fin de que pueda producir las ventajas económicas deseadas.

Como ejemplo, el Programa Nacional de Innovación de México resalta el valor de la innovación para lograr un crecimiento económico sostenible, además de la necesidad de políticas a nivel federal y estatal para desarrollar un ecosistema de innovación productivo. Un objetivo principal es mejorar la productividad y la competitividad de los sectores de fabricación y servicios. Con respecto al espacio, México ha desarrollado un subconjunto de políticas y programas federales y estatales para promover la innovación dentro de este sector, a la vez que ha establecido *clusters* aeroespaciales a fin de atraer inversión extranjera y mejorar la competitividad de las compañías aeroespaciales en el mercado global.

Entre los objetivos principales a menudo contenidos en las políticas de STI, se encuentra el desarrollo de una fuerza laboral altamente calificada a través de la inversión en la educación en ciencia, tecnología, ingeniería y matemáticas (educación STEM, por sus siglas en inglés). El desarrollo del capital humano se considera fundamental en la política industrial como parte de los esfuerzos por desarrollar nichos de capacidades y reducir la emigración de trabajadores calificados o altamente preparados, también conocido como "fuga de cerebros". Malasia, por ejemplo, ha buscado el desarrollo de una economía basada en el conocimiento como una meta política nacional, un motor principal de motivación para el establecimiento de su agencia espacial nacional. La agencia está encargada de llevar a cabo la visión de "aprovechar el espacio como plataforma para la generación de conocimiento, la creación de riqueza y el bienestar de la sociedad". Esta motivación también se refleja en la práctica de muchos países que buscan asociaciones que incluyan la creación de capacidades como una forma de construir capital humano y hacer crecer las capacidades tecnológicas nacionales.

Ubicar las actividades espaciales dentro de un marco de STI más amplio puede ayudar a responder preguntas críticas sobre los objetivos a largo plazo de estas actividades, en cómo se relacionan con otros esfuerzos científicos y tecnológicos y en cómo llevar una mejor coordinación con los esfuerzos gubernamentales y no gubernamentales.

Cooperación Internacional

La cooperación espacial internacional es un factor clave en la mayoría de los programas espaciales. Dependiendo de los objetivos, esta cooperación puede tomar diversas formas, como lo es la cooperación multilateral a nivel internacional o regional y la cooperación bilateral con países individuales. Dependiendo del formato de esta cooperación, los países pueden designar agencias o instituciones específicas como representante principal; no obstante, la actividad puede involucrar a otras agencias o departamentos y representantes no gubernamentales de la industria o la academia.

A nivel multilateral, la participación activa en foros espaciales clave (por ejemplo, COPUOS o la UIT), así como foros relacionados con la cooperación en áreas de aplicación específicas (por ejemplo, el Grupo de Observación de la Tierra para la cooperación en percepción remota), a menudo se considera un aspecto fundamental en estas actividades. Los países lo ven como una forma de ejercer liderazgo y asegurar que sus puntos de vista estén representados en intercambios relevantes a nivel internacional, así como una forma de compartir información sobre sus actividades espaciales y aprender de las actividades de otros. Esta participación puede así influir en los debates políticos a nivel nacional.

A nivel regional o bilateral, los países pueden adoptar múltiples mecanismos para formalizar sus relaciones—ya sea realizando intervenciones o declaraciones conjuntas, firmando acuerdos de cooperación para realizar actividades específicas o intercambiar datos, combinando recursos institucionales o financieros en un programa de cooperación u otros métodos. Las organizaciones regionales han surgido como una forma de mejorar la cooperación y la coordinación de las actividades espaciales en las regiones; por ejemplo, el Foro de la Agencia Espacial Regional Asia Pacífico (APRSAF, por sus siglas en inglés) busca promover las actividades espaciales en esa región, con instituciones de más de 40 países participantes.

Si bien una descripción exhaustiva de los múltiples mecanismos que los actores han llevado a cabo para facilitar la cooperación internacional está más allá del alcance de esta sección, la idea clave es que la cooperación internacional rara vez se realiza al azar, sino que a menudo parte de amplias consideraciones políticas y estratégicas. La cooperación internacional a menudo se considera tanto un mecanismo como un objetivo, por lo que puede figurar en los documentos de política espacial. Como mecanismo, la cooperación espacial permite a los actores aprovechar la experiencia, las inversiones y los recursos de otros en el desarrollo de sus programas, ya sea mediante la adquisición directa de hardware o desarrollo conjunto de capacidades técnicas.

Asimismo, la cooperación internacional puede ser impulsada por objetivos políticos más amplios y ser parte de una estrategia para promover objetivos de política exterior, de innovación o de política comercial. En los países espaciales emergentes, los dos aspectos pueden estar estrechamente vinculados. La política espacial de Chile, por ejemplo, identifica la cooperación espacial internacional como una iniciativa clave en los esfuerzos por avanzar rubros prioritarios, como el capital humano y la innovación. Para Chile y otros países de la región de América

Latina y el Caribe, la cooperación internacional—en particular la cooperación bilateral y regional—se considera una prioridad, la cual permite extender recursos limitados, así como para apoyar objetivos estratégicos y políticos relacionados. Otros Estados han buscado la cooperación espacial internacional como una medida adicional para fomentar relaciones positivas con otros países; por ejemplo, un documento político de 2008 sobre América Latina y el Caribe describe los objetivos de la participación de China con los países de la región, que incluyen asociaciones con Venezuela y Bolivia, entre otros.

En este contexto, las políticas espaciales nacionales pueden detallar los objetivos y las prioridades de los esfuerzos de cooperación internacional, un mecanismo que ayuda a señalar a otros sobre las prioridades y objetivos de un gobierno en el espacio, que ayuda a mejorar la transparencia de sus actividades con las naciones asociadas y que invita a nuevos actores a identificar oportunidades para su participación.

Control de Exportaciones y Transferencia de Tecnología

La pregunta subyacente cuando se trabaja en controles de exportación es, con el creciente acceso al espacio y el florecimiento del sector privado en el sector espacial, ¿cómo se equilibra un Estado, controlando la proliferación de tecnologías militares sensibles y a su vez, el desarrollo comercial y la innovación? Es particularmente desafiante realizarlo mientras se apoya e impulsa la base de la industria espacial —un objetivo de diversas estrategias espaciales nacionales—ya que el control de las exportaciones se considera una parte necesaria para garantizar la seguridad nacional, así como un entorno espacial estable y predecible. El equilibrio entre la eficiencia y los intereses comerciales, por un lado, y la seguridad nacional, por otro, es difícil de lograr. Otra forma de ver este tema es como parte de una discusión más amplia, que se centra en la promoción de la innovación y, al mismo tiempo, en la reducción de riesgos.

Teniendo en cuenta el argumento sobre el control de exportaciones, abordado en el Capítulo Uno, las restricciones del control de exportaciones a nivel nacional son extremadamente difíciles de desarrollar; por lo tanto, deben emprenderse únicamente después de haber realizado una cantidad considerable de discusiones entre todas las partes interesadas, incluyendo la industria y, cuando el gobierno tiene una comprensión sólida de lo que se está tratando de lograr con las protección al control de las exportaciones. Sin la participación de otras partes interesadas, la industria nacional puede sufrir excesivamente, con muy poco beneficio para la seguridad nacional del país. Los Estados deben tener cuidado con las consecuencias no deseadas; por ejemplo, como se vio en los casos en que se cambiaron los controles de exportación y, por lo tanto, se crearon nuevas cargas para grupos más pequeños de la industria espacial. Es importante que la conversación sea lo más amplia posible al momento de crear una regulación gubernamental relacionada con una industria y tener una conversación abierta con dicha industria para garantizar que se consideren todos los aspectos de un cierto tema.

Mantener una lista de las tecnologías que deben estar bajo control es un desafío, en particular de las tecnologías espaciales, muchas de las cuales son de uso dual. Un punto clave para los controles de exportaciones es que a menudo la tecnología supera los regímenes legales. Esto se puede ver actualmente, por ejemplo, con respecto al desarrollo de *software*. ¿Qué tan útiles son las regulaciones de exportación cuando esencialmente protegen tecnologías obsoletas? Otro tema significativo es que el control de exportaciones, por su naturaleza, intenta controlar la tecnología o los productos mismos, independientemente de cómo se utilicen. Esto va en contra de una de las lecciones emergentes en cuanto al trato de las tecnologías espaciales de uso dual, la cual indica que es más importante centrarse en las acciones y en el uso que en la tecnología en sí.

Los nuevos actores estatales en el espacio deben considerar de qué forma equilibrarán sus inquietudes sobre seguridad nacional y su posición en el fomento de sus industrias nacionales y la innovación. Para los actores no gubernamentales, una apreciación completa de los regímenes de control de exportación relevantes debe comenzar desde el principio en la etapa del proceso de planificación.

> Los nuevos actores estatales en el espacio deben considerar de que forma equilibrarán sus inquietudes sobre seguridad nacional y su posición en el fomento de sus industrias nacionales y la innovación. Para los actores no gubernamentales, una apreciación completa de los regímenes de control de exportación relevantes debe comenzar desde el principio en la etapa del proceso de planificación.

Relación Gubernamental con el Sector Privado

Los gobiernos desempeñan diversos papeles en su interacción con el sector privado: como regulador, cliente, proveedor (de tecnología y propiedad intelectual), colaborador y competidor. La forma en que se expresan estos roles es una gran influencia para el desarrollo de una industria espacial más amplia, fuera del programa gubernamental de un país determinado. Además de su papel en el mercado como regulador, el gobierno también ejerce una influencia considerable a través de su papel como cliente. Los gobiernos deben estar conscientes de cómo las decisiones que toman al involucrar al sector privado mediante la adquisición de bienes y servicios afectan tanto al desarrollo de la industria como la evolución de la estrategia y los programas espaciales gubernamentales.

Los gobiernos pueden optar por desarrollar funciones o servicios que se requieren internamente y no comprometer al sector privado en lo absoluto. Existen varios escenarios en los que puede preferirse este enfoque: es posible que cierta capacidad no exista en el sector privado y podría haberse determinado que el desarrollo de esta capacidad sea considerado una función gubernamental central (por ejemplo: una capacidad utilizada con fines de seguridad nacional), o que la capacidad proporcione específicamente un bien público. El desarrollo de capacidades internas provee al gobierno de un completo control sobre la ejecución del proyecto, así como de cualquier propiedad intelectual desarrollada. Esto puede ayudar a que el gobierno se mantenga al tanto de la tecnología actual y puede ayudar a que el personal gubernamental se mantenga comprometido con la ejecución del programa. Sin embargo, el trabajo interno presenta inconvenientes, como la falta de transparencia y potenciales desafíos de costo y eficiencia, en comparación con el trabajo totalmente privado. Es entonces que los gobiernos deben permanecer conscientes de las capacidades similares que el sector privado puede estar desarrollando, con el propósito de garantizar que los enfoques se mantengan actualizados con respecto a las capacidades comparables.

Al contratar las capacidades que se requieren, el gobierno puede fomentar la competencia de mercado en el sector privado, lo cual, en teoría, apoya los objetivos de desarrollo económico generales. La competencia también puede llevar a soluciones más innovadoras de las que podrían desarrollarse si el trabajo se completa internamente. En general, la contratación con el sector privado está destinada a proporcionar capacidades de una manera más rentable y eficiente que el desarrollo de capacidades internas a nivel gubernamental. Sin embargo, la contratación impone costos administrativos tanto para el gobierno como para las entidades del sector privado, específicamente en términos de administración y supervisión del desempeño. Si bien los contratos generalmente brindan al gobierno un cierto grado de supervisión y capacidad para determinar el nivel de calidad, las especificaciones de la ejecución del contrato, los cronogramas de implementación y el proceso de contratación, implican esencialmente la decisión de ceder cierto control del desarrollo de la capacidad, en comparación con el desarrollo de la capacidad a nivel interno. La contratación además puede crear dependencias entre el gobierno y las compañías que reciben los contratos. El gobierno puede encontrarse dependiente de uno o unos pocos proveedores para una capacidad crítica y las empresas pueden encontrarse dependientes del gobierno como fuente primordial de ingresos.

Debido en parte a estos inconvenientes, los gobiernos utilizan cada vez más los esquemas basados en asociaciones públicas privadas, a fin de involucrar al sector privado. Los enfoques de las asociaciones públicoprivadas buscan generalmente desarrollar capacidades dónde se garantice que tanto el gobierno como las entidades del sector privado participantes inviertan conjuntamente en el éxito de la actividad. En estos esquemas, comúnmente los gobiernos pueden especificar una necesidad y algunos requerimientos básicos, así como asignar una cierta cantidad de fondos. La capacidad para adquirir es la que el sector comercial puede utilizar para satisfacer requerimientos no gubernamentales, con financiamiento gubernamental, destinado a complementarse con la inversión y el capital aportado por el sector comercial. Los proyectos de este tipo le dan al gobierno menos control sobre la ejecución del proyecto, pero pueden proporcionar capacidades a un costo menor que la contratación tradicional. Los participantes del sector privado deben invertir sus propios fondos; sin embargo, pueden conservar la propiedad de los productos y la propiedad intelectual desarrollada.

Asimismo, este tipo de actividades pueden emplearse para estimular el desarrollo de capacidades que requieren del apoyo gubernamental con el fin de solventar los costos iniciales de investigación y desarrollo.

Los gobiernos pueden obtener una capacidad sobre una base puramente comercial. En este enfoque, el sector privado ofrece sus productos a un precio estándar, generalmente a través de un catálogo. Los gobiernos pueden adquirir dichos productos mediante transacciones de mercado que no difieren de las ventas empresa empresa. Esta clase de transacciones tiene una carga administrativa menor que los modelos contractuales, los cuales se emplean habitualmente para la adquisición de productos a granel o mercancías. De esta forma, el gobierno puede obtener de forma rápida y eficiente los productos solicitados; no obstante, no puede determinar los detalles de su proceso de desarrollo.

Los gobiernos pueden optar por elegir la adquisición de capacidades mediante la utilización de concesiones en lugar de contratos. Las concesiones se emplean usualmente en el caso dónde el interés del gobierno está en adquirir servicios de investigación o desarrollo tecnológico o, actividades o resultados. Las concesiones proporcionan una gran flexibilidad sobre la ejecución y el enfoque de las actividades y se adecuan al propósito, que es experimental, más que operacional. Éstas generalmente especifican un tema de investigación y un cronograma general para la entrega de resultados; no obstante, no brindan al gobierno demasiada capacidad para determinar el enfoque de desempeño o los métodos y, por otro lado, tampoco requieren de un informe frecuente del adjudicatario.

La orientación para los nuevos actores ya sea nuevos Estados en el espacio o actores privados no gubernamentales, es que la política gubernamental, orientada al sector espacial privado o comercial, es la que tendrá un impacto significativo en las oportunidades de negocios de estos sectores.

La orientación para los nuevos actores ya sea nuevos Estados en el espacio o actores privados no gubernamentales, es que la política gubernamental, orientada al sector espacial privado o comercial, es la que tendrá un impacto significativo en las oportunidades de negocios de estos sectores.

Caso Práctico:

Las Aplicaciones Satelitales Catapult de Reino Unido

Las Aplicaciones Satelitales *Catapult*, desarrolladas por el Reino Unido (Catapulta, por su traducción al español), fueron introducidas por dicho gobierno en mayo de 2013, con el objetivo de impulsar el crecimiento económico del país, a través del fomento al desarrollo, la comercialización y el uso de estas aplicaciones satelitales. De acuerdo con su Plan de Entrega 2015-2020, *Catapult* (Figura 8) tiene por objeto promover la aplicación satelital y el desarrollo tecnológico para apoyar a la industria nacional a "llevar de manera más rápida nuevos productos y servicios al mercado". Las Aplicaciones Satelitales Catapult son una de las 11 "*Catapults*" que operan en el Reino Unido, enfocándose cada una en diferentes tecnologías y áreas de aplicación. Las *Catapult* operan como una organización de investigación privada sin fines de lucro. Se rige por un Consejo, el cual incluye la representación de la Agencia Espacial de Reino Unido (UKSA, por sus siglas en inglés) y de *Innovate* UK, una agencia gubernamental orientada a la promoción de la tecnología y el desarrollo económico.

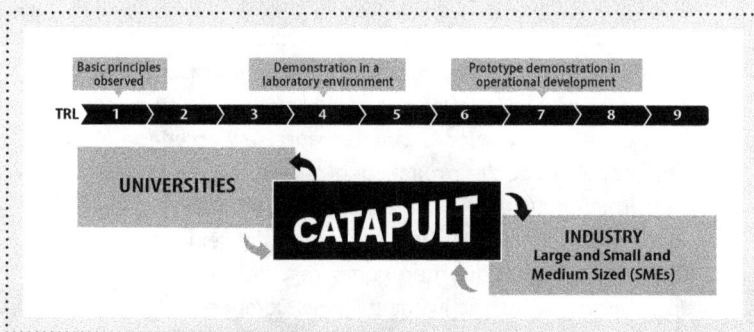

Figura 8 - Aplicaciones Satelitales Catapult del Reino Unido
Fuente: Adaptación por Satellite Applications Catapult
Peterborough Industry Day Presentation, 2015.

La amplia red *Catapult* en el Reino Unido se estableció para promover la innovación e incrementar la capacidad de su industria para comercializar los resultados de lo que el gobierno consideró "una fuerte e imprescindible capacidad nacional de investigación". En noviembre de 2014, el gobierno publicó el Plan de Acción para el Desarrollo de la Estrategia de Crecimiento e Innovación Espacial del Reino Unido. Este Plan fijó el objetivo de incrementar los ingresos anuales de la industria espacial del país de £11.3 billones a octubre de 2014 a £40 billones para el año 2030. Las Aplicaciones *Catapult* se han posicionado como una de las varias estrategias políticas que el gobierno del Reino Unido está aplicando como componente para lograr este objetivo.

Catapult prevé, además, el incremento de las exportaciones como un elemento primordial para lograr este crecimiento. Con este fin, enfoca sus programas para apoyar el desarrollo de productos basados en sus aplicaciones. Asimismo, dirige sus esfuerzos en trabajar con compañías (y academia) para superar lo que se conoce como el "valle de la muerte" en el proceso de transferencia de un producto o tecnología originadas de la investigación fundamental a una activa comercialización.

Catapult no es una agencia de financiación como tal no brinda concesiones directas o financiamiento a la industria (o academia). En cambio, actúa como un recurso técnico de redes e instalaciones para compañías del Reino Unido que buscan desarrollar y comercializar aplicaciones satelitales. Mantiene instalaciones técnicas, incluyendo laboratorios, equipo de prueba y capacidades informáticas en su campus central. Estas instalaciones pueden rentarse y acceder a ellas para propósitos de desarrollo. Por otro lado, la agencia celebra regularmente talleres y eventos a fin de establecer redes comerciales y vínculos entre las empresas del Reino Unido con socios extranjeros, que den como resultado oportunidades de negocios. Ayuda activamente a las compañías del país a incrementar su capital privado y a mantener relaciones con las fuentes de financiamiento, como el *Space Angels Network*. Además, las ayuda a identificar la propiedad intelectual y los recursos humanos relacionados con sus objetivos empresariales. Finalmente, puede asociarse con compañías para emprender oportunidades específicas de negocios y desarrollar conjuntamente proyectos de aplicaciones satelitales, de acuerdo con las fuentes de financiamiento que estén disponibles.

Derechos de Propiedad

Los derechos de propiedad y control sobre los objetos espaciales lanzados por un Estado y registrados por él, se garantizan para ese Estado (y sus nacionales, siempre y cuando su Estado les extienda esos derechos), que también pueden aplicarse a un Estado que procura un lanzamiento desde otro país. En cambio, otros derechos de propiedad tangibles son más inciertos.

Por ejemplo, no existe un mecanismo claramente identificado en el derecho internacional para la transferencia de jurisdicción a un Estado que no sea de lanzamiento en el caso de la venta o transferencia de un satélite. Los Estados de registro suelen ser también los Estados de lanzamiento. La cancelación del registro dentro de un registro estatal y la subsecuente reinscripción en un nuevo registro estatal pareciera ser el único camino disponible para transferir de manera clara y transparente la competencia jurisdiccional nacional. El Capítulo uno: Registro de objetos espaciales y la subsección sobre la Asamblea General de las Naciones Unidas (AGNU) 62/101, muestran un camino a seguir para lo anterior..

Con respecto a los derechos sobre los recursos naturales, puesto que se pueden obtener muestras de materiales espaciales, los derechos comerciales sobre los recursos naturales extraídos en el espacio son ampliamente debatidos y, hasta ahora, no se han puesto a prueba. Dado que el Tratado del Espacio prohíbe la reivindicación de soberanía sobre cualquier cuerpo celeste, los Estados tienen prohibido efectivamente otorgar títulos de propiedad sobre cualquier objeto más allá de la Tierra. Sin embargo, los Estados mantienen jurisdicción sobre sus nacionales, y esto significa que los Estados tienen el poder de proteger las operaciones comerciales de sus nacionales de la interferencia de otros con la misma nacionalidad. Esta es la estrategia empleada por los EE. UU. para elaborar su Ley de Competitividad Comercial de los Lanzamientos Espaciales de 2015.

El debate relacionado con los derechos sobre el material extraído de un cuerpo celeste se complica por las diferencias en el significado de "apropiación" que se encuentra en el Tratado del Espacio. Para algunos, se refiere a la prohibición de asumir cualquier derecho de propiedad sobre material fuera de la Tierra. Para otros, hay una clara distinción entre el uso de los recursos extraídos o recolectados de un cuerpo celeste, como el regolito o el agua, y la propiedad del cuerpo celeste en sí. Dado que Estados Unidos, Rusia y Japón han obtenido material de cuerpos celestes, lo han regresado a la Tierra y han ejercido la propiedad absoluta y el control sobre éste, la práctica demuestra que cualquier prohibición no es absoluta.

Para el futuro inmediato, parece entonces que los derechos de propiedad sobre el material obtenido de cuerpos celestes serán determinados en gran medida por la legislación nacional, y que estos derechos solo se aplicarán dentro de la jurisdicción territorial y personal del Estado legislador. Como comentario adicional, los planes de negocio desarrollados con la intención de exportar material espacial o productos derivados, debe garantizar que los soberanos con autoridad sobre los mercados de exportación ya identificados permitan la venta de dicho material y productos. En cuanto a propiedad intelectual, no existen reglas específicas o exclusivas de la actividad espacial para la propiedad intelectual. En términos generales, las reglas son las mismas que se aplicarían a la actividad terrestre.

ADMINISTRACIÓN PÚBLICA Y SUPERVISIÓN NACIONAL

Como se explicó en el capítulo anterior, los Estados tienen responsabilidad (*responsibility*) y responsabilidad u obligación (*liability*) internacional por los daños causados por las actividades espaciales de sus nacionales. Tienen la tarea de supervisar sus actividades espaciales nacionales, incluidas las actividades espaciales llevadas a cabo por actores no gubernamentales. Los Estados utilizan la legislación y los reglamentos nacionales para cumplir con estas obligaciones legales internacionales. De acuerdo con los fundamentos y objetivos de su política, como se discutió anteriormente en este capítulo, existen varios métodos administrativos internos o palancas mediante los cuales los gobiernos supervisan tanto las actividades espaciales gubernamentales como no gubernamentales.

Reguladores Nacionales

El Tratado del Espacio obliga a los Estados parte a autorizar, otorgar licencias y supervisar continuamente sus actividades nacionales, de conformidad con el derecho internacional, pero queda a criterio del gobierno de cada Estado determinar qué agencias serán las encargadas de esta regulación. En algunos países, estas responsabilidades se dividen entre varias agencias a la vez.

En los Estados Unidos, por ejemplo, la Administración Federal de Aviación (FAA, por sus siglas en inglés) tiene la responsabilidad sobre los lanzamientos comerciales; la Comisión Federal de Comunicaciones (FCC, por sus siglas en inglés) se ocupa de las telecomunicaciones y la atribución de frecuencias; la Administración Nacional Oceánica y Atmosférica (NOAA, por sus siglas en inglés) regula la percepción remota y, el Departamento de Estado y el Departamento de Comercio, comparten la responsabilidad sobre el control de las exportaciones. Decidir qué agencia cubre qué actividad, puede eliminar tanto las brechas como las redundancias en el régimen de supervisión.

Concesión de Licencias

La concesión de licencias es el método estándar utilizado por un Estado para autorizar y regular sus actividades espaciales nacionales no gubernamentales. Los actores individuales deben cumplir con los requisitos para obtener licencias nacionales antes de emprender una actividad espacial. Los tipos de licencias requeridos pueden variar: licencias de lanzamiento, licencias de uso de frecuencias, licencias para percepción remota, licencias de radiodifusión, etc. Los criterios para obtener dichas licencias pueden ser de carácter: científico, técnico, ambiental, de seguridad, solvencia financiera o relacionado con pólizas de seguros, por mencionar algunos. En la mayoría de los casos, las actividades espaciales del sector privado requieren de esta confirmación (es decir, una licencia) antes de que se permita su ejecución. Esto difiere de muchos sectores no espaciales donde las actividades del sector privado a menudo están permitidas por default, y únicamente ciertos tipos de actividades, por ejemplo, aquellas que son particularmente riesgosas o perjudiciales, requieren de un permiso para proceder.

> **Comprender los requisitos para las licencias en la jurisdicción aplicable es sumamente importante para las operaciones espaciales exitosas y responsables.**

Comprender los requisitos para las licencias en la jurisdicción aplicable es sumamente importante para las operaciones espaciales exitosas y responsables.

Registros Nacionales de Objetos Espaciales

De conformidad con el Tratado del Espacio y el Convenio de Registro, los Estados reafirman la propiedad de sus objetos espaciales colocándolos en sus registros nacionales. Esta propiedad es doble, ya que abarca jurisdicción y control. La jurisdicción es una facultad legal para crear y hacer cumplir las leyes y resolver quejas, y corresponde al Estado. El control es una facultad operativa análoga para asumir el mando sobre el objeto espacial. El Artículo VIII del Tratado del Espacio confiere precisamente estos derechos:

> *El Estado Parte en el Tratado, en cuyo registro figura el objeto lanzado al espacio ultraterrestre, retendrá su jurisdicción y control sobre tal objeto, así como sobre todo el personal que vaya en él, mientras se encuentre en el espacio ultraterrestre o en un cuerpo celeste. El derecho*

de propiedad de los objetos lanzados al espacio ultraterrestre, incluso de los objetos que hayan descendido o se construyan en un cuerpo celeste, y de sus partes componentes, no sufrirá ninguna alteración mientras estén en el espacio ultraterrestre, incluso en un cuerpo celeste, ni en su retorno a la Tierra. Cuando esos objetos o esas partes componentes sean hallados fuera de los límites del Estado Parte en el Tratado en cuyo registro figuran, deberán ser devueltos a ese Estado Parte, el que deberá proporcionar los datos de identificación que se le soliciten antes de efectuarse la restitución.

Si bien el Tratado del Espacio otorga a los Estados los derechos y el método para ejercer la jurisdicción y el control, no los hace obligatorios; el Convenio de Registro de 1975, por otro lado, exige y obliga a los Estados a establecer registros nacionales de objetos espaciales. Para los Estados parte del Convenio de Registro, el Artículo II les requiere el establecimiento de dicho registro nacional y la notificación del establecimiento de este registro ante el Secretario General de la ONU.

Los registros nacionales se crean generalmente a través de actos legislativos, ya sea como parte de una legislación espacial general o de un acto específico con el propósito de crear dicho registro, como en el caso de Argentina, los Países Bajos e Italia. Los registros nacionales también pueden crearse por decreto ejecutivo o dentro de las regulaciones de una agencia a la que se le otorga la facultad de crearlos.

A partir del 2017, son ya 63 los Estados parte del Convenio de Registro de 1975, de los cuales 31 ya han establecido registros nacionales de objetos espaciales e informado sobre tales registros a la ONU. La Agencia Espacial Europea (ESA) y la Organización Europea para la Explotación de Satélites Meteorológicos

Para los Estados que desean ejercer la jurisdicción y el control sobre sus objetos espaciales, establecer y mantener un registro nacional de objetos espaciales significa un método confiable para afirmar y consolidar sus facultades jurisdiccionales.

(EUMETSAT) también han establecido registros. La Tabla 3 enumera los registros nacionales de objetos espaciales y qué agencias gubernamentales mantienen su

Registros Nacionales de Objetos Espaciales			
Estado	**OST***	**REG**	**Agencia Responsable del Registro Nacional**
Alemania	✓	✓	Oficina Federal de Aviación (LBA, por sus siglas en alemán)
Argentina	✓	✓	Comisión Nacional de Actividades Espaciales de Argentina (CONAE)
Australia	✓	✓	Oficina de Licencias y Seguridad Espacial del Gobierno de Australia
Austria	✓	✓	Ministerio de Transporte, Innovación y Tecnología
Bélgica	✓	✓	Oficina de Política Científica de Bélgica (BELSPO, por sus siglas en ingles)
Bielorrusia	✓	✓	Academia Nacional de Ciencias (NASB, por sus siglas en ingles)
Brasil	✓	✓	Agencia Espacial Brasileña (AEB)
Canadá	✓	✓	Agencia Espacial Canadiense (CSA, por sus siglas en ingles)
Chile	✓	✓	Ministerio de Relaciones Exteriores – Dirección de Seguridad Internacional y Humana
China	✓	✓	Administración Espacial Nacional de China (CNSA, por sus siglas en ingles)
Corea del Norte	✓	✓	Administración Nacional de Desarrollo Aeroespacial
Corea del Sur	✓	✓	Ministerio de Ciencia, Tecnologías de la Información y Comunicaciones, y Planificación Futura (MSIP, por sus siglas en ingles)
Eslovaquia	✓	✓	Departamento de Educación Superior, Ciencia e Investigación– Ministerio de Educación, Ciencia, Investigación y Deporte
España	✓	✓	Ministerio de Asuntos Exteriores- Departamento de Relaciones Económicas Internacionales
Estados Unidos	✓	✓	Departamento de Estado – Oficina de Océanos y Asuntos Ambientales y Científicos Internacionales
Francia	✓	✓	Centro Nacional de Estudios Espaciales (CNES, por sus siglas en francés)
Grecia	✓	✓	Ministerio de Relaciones Exteriores de Grecia
India	✓	✓	Departamento de Transporte- Ala de Coordinación y Planificación Inalámbrica
Italia	✓	✓	Agencia Espacial Italiana (ASI, por sus siglas en italiano)
Japón	✓	✓	Ministerio de Educación, Deporte, Cultura, Ciencia y Tecnología (MEXT, por sus siglas en ingles)
Kazajistán	✓	✓	Ministerio de Inversión y Desarrollo– Comité Aeroespacial (KazCosmos)
México	✓	✓	Agencia Espacial Mexicana – Coordinación General de Asuntos Internacionales y Seguridad en Materia Espacial
Noruega	✓	✓	Centro Espacial Noruego (NSC, por sus siglas en ingles)
Países Bajos	✓	✓	Ministerio de Asuntos Económicos, Agencia de Telecomunicaciones
Pakistán	✓	✓	Comisión de Investigación Espacial y de la Atmósfera Superior de Pakistán (SUPARCO, por sus siglas en ingles)
Perú	✓	✓	Comisión Nacional de Investigación y Desarrollo Aeroespacial (CONIDA)
Reino Unido	✓	✓	Agencia Espacial de Reino Unido (UKSA, por sus siglas en ingles)
República Checa	✓	✓	Ministerio de Transporte Checo
Rusia	✓	✓	Corporación Estatal Espacial (Roscosmos)
Sudáfrica	✓	✓	Departamento de Comercio e Industria– Consejo de Asuntos Espaciales de Sudáfrica
Ucrania	✓	✓	Agencia Espacial Nacional de Ucrania (NSAU, por sus siglas en ingles

POLÍTICA Y ADMINISTRACIÓN ESPACIAL NACIONAL

Tabla 3 - Registros Nacionales de Objetos Espaciales

registro nacional. Algunos Estados asignan la tarea a su agencia espacial nacional, otros, por ejemplo, a su oficina federal de aviación, incluso si tienen una agencia espacial nacional, como es el caso de Alemania.

Para los Estados que desean ejercer la jurisdicción y el control sobre sus objetos espaciales, establecer y mantener un registro nacional de objetos espaciales significa un método confiable para afirmar y consolidar sus facultades jurisdiccionales; lo cual, de igual forma, sería considerado un deber para el Estado establecer y mantener dicho registro. Para los actores no gubernamentales, parece que, además de la debida diligencia y el cumplimiento con la supervisión gubernamental, se incluye el determinar qué Estado tendría su nave espacial en su registro nacional y el proporcionar a esa agencia la información relevante sobre su nave espacial y su actividad.

Requerimientos para Seguros

Para garantizar que las entidades que realizan actividades espaciales puedan indemnizar al Estado en caso de incurrir en responsabilidad internacional y/o puedan pagar reclamaciones de otros connacionales, muchos Estados requieren que sus entidades que participan en actividades espaciales cuenten con un seguro. Por ejemplo, después de los costos de I+D y los costos de lanzamiento, el seguro suele ser el tercer costo más alto asociado con las actividades satelitales; por lo tanto, es un tema que se debe considerar seriamente cuando se planifica un proyecto espacial. Por ejemplo, Australia, Brasil, Francia, Japón, Corea del Sur, Reino Unido y Estados Unidos requieren que se realice la compra de un seguro en distintos niveles, como se muestra en la Tabla 4.

Exenciones

Hay diferentes tipos de exenciones que pueden utilizarse para las actividades espaciales. Uno de ellos es la exención cruzada, un instrumento legal entre las partes donde cada una se compromete recíprocamente a no responsabilizar a la otra parte por cualquier daño sufrido. Las exenciones cruzadas de responsabilidad se utilizan a menudo en la industria espacial y pueden usarse entre proveedores de lanzamiento y operadores y también entre contratistas y subcontratistas. Las exenciones facilitan la evaluación y el cálculo del posible riesgo de responsabilidad al que se enfrenta un proyecto.

A nivel regulatorio, se pueden otorgar exenciones para eximir a los operadores de seguir una regulación que resultó, por ejemplo, después de que su satélite fue lanzado. Este tipo de exenciones también puede denominarse de "variación". Otra

Régimen de Indemnización de algunos Estados con Actividades Espaciales			
País	Régimen	Monto de Responsabilidad a Terceros	Observaciones
Australia	Ley de Actividades Espaciales de 1998	AUD $750 millones o Pérdida Máxima Probable	Límite de hasta AUD $3 billones pararreclamaciones de ciudadanos australianos
Brasil	Resolution Resolución sobre las Actividades de Lanzamiento Comerciales desde Territorio Brasileño (Res. No.51 del 26 de enero de 2001); Regulación sobre Procedimientos y Definición De Requerimientos necesarios para la Solicitud, Evaluación, Emisión, Seguimiento y Supervisión de Licencias para realizar Actividades Espaciales de Lanzamiento en Territorio Brasileño (No. 27)	(cantidad no establecida)	
Corea del Sur	Ley de Responsabilidad Espacial (República de Corea) Ley n.8852 del 21 de Diciembre de 2007	KRW200 billones máximo	
Estados Unidos	Código de Estados Unidos Capítulo 509– Actividades de Lanzamiento Espacial Comercial	Hasta $ 500 millones, basado en el cálculo de Pérdida Máxima Probable por-misión	Cualquier reclamación que excede las sumas aseguradas, son pagaderas por el gobierno de Estados Unidos en nombre del titular de la licencia, hasta un máximo establecido de $ 1.5 billones (sujeto a asignación del Congreso)
Francia	Ley de Operaciones Espaciales de 2008 (entró envigor el 10 de Diciembre de 2010)	€60 millones	
Japón	Ley relativa a la Agencia de Exploración Aeroespacial de Japón, Ley No. 161 del 13 de Diciembre de 2002	¥20 billones para H-IIA;¥5 billones para cohetes más pequeños (ej.Epsilon)	El importe del seguro depende del vehículo de lanzamiento en específico
Reino Unido	Ley de Espacio Ultraterrestre de 1986, con sus enmiendas del 1 de octubre de 2015	€60 millones	Responsabilidad a terceros del operador limitado a un máximo de € 60M para los casos que "involucran misiones satelitales individuales que emplean

POLÍTICA Y ADMINISTRACIÓN ESPACIAL NACIONAL

Tabla 4 - Régimen de indemnización de algunos Estados con Actividades Espaciales | 83

posibilidad es que los operadores pueden solicitar una exención para no obedecer una regulación que consideran excesivamente onerosa o que tiene consecuencias para la seguridad nacional. Los supervisores pueden autorizar las exenciones para permitir que una industria sea innovadora.

Administración Nacional de Frecuencias y Retransmisiones

La Unión Internacional de Telecomunicaciones se ocupa de la asignación y coordinación de las frecuencias a nivel internacional, lo cual se trata en el Capítulo Uno: Gestión Internacional de Frecuencias. Los administradores nacionales determinan el uso de frecuencias a nivel nacional, comúnmente a través de licencias y cuadros nacionales de frecuencias. Por ejemplo, el Ministerio de Comunicaciones y Tecnología de la Información de la India se encarga de sus asignaciones nacionales de frecuencias y, la Oficina de Comunicaciones (Ofcom) en el Reino Unido concede licencias para el uso de radiofrecuencias. En los Estados Unidos, la FCC coordina el uso no federal de frecuencias, mientras que la Administración Nacional de Telecomunicaciones e Información (NTIA, por sus siglas en inglés) coordina el uso federal del espectro.

Además de trabajar sobre cuestiones de frecuencias, estos administradores pueden reforzar algunas otras mejores prácticas. Por ejemplo, para recibir la autorización de la FCC para utilizar una frecuencia, los operadores de satélites comerciales de EE. UU. deben presentar un plan de mitigación de desechos orbitales que cumpla con las directrices de mitigación de desechos reconocidas internacionalmente. Las leyes y regulaciones relativas a la radiodifusión no se limitan solo a los servicios basados en el espacio, ya que pueden incluir otros sectores como la televisión por cable. Es importante para cualquier entidad que realice actividades espaciales de radiodifusión, cumplir con las normas nacionales pertinentes con respecto a la radiodifusión en general. Por ejemplo, en Canadá, las empresas involucradas en la radiodifusión deben transmitir una cierta cantidad de contenido canadiense. El supervisor nacional también puede imponer limitaciones de resolución a la percepción remota o limitaciones en las emisiones de energía.

La regulación del espectro es parte de la responsabilidad de supervisión de un gobierno. La función de planificación permite la asignación del espectro, lo cual otorga el uso de una banda de frecuencia a un usuario específico, dependiendo de las políticas nacionales, las características técnicas del espectro y los acuerdos internacionales. Este proceso de asignación ayuda a garantizar que el espectro se administre y utilice de manera sostenible, al tiempo que limita la cantidad de interferencia perjudicial debido a su uso. La ingeniería del espectro es la función reguladora que crea estándares técnicos para los equipos cuyas frecuencias afectan o son afectadas por el espectro radioeléctrico. En resumen, existe un cumplimiento en cuanto al espectro, que implica monitorear el uso del espectro de radiofrecuencias para verificar que los usuarios cumplan con los estándares técnicos y las asignaciones de frecuencia.

Administración de los Controles de Exportación y Transferencia de Tecnología

Los Estados implementan medidas de control de exportaciones para cumplir con los compromisos internacionales de regímenes de no proliferación, a fin de mejorar la estabilidad regional y a razón de sus intereses de seguridad nacional. Es entonces que los Estados deben decidir cómo administrar sus leyes de control de exportaciones.

Con el propósito de controlar de manera confiable las exportaciones, un país debe establecer una autoridad legal para tal fin, que actúe bajo seis principios: controles integrales y minuciosos, directrices de implementación, poder de ejecución y sanciones, coordinación interinstitucional, cooperación internacional y protección para la difusión por parte del gobierno, de información comercial sensible. Un país debe establecer procedimientos reglamentarios claros que incluyan una lista de productos sujetos a control. Además, el sistema de control de exportaciones debe incorporar mecanismos para su ejecución que incluyan incluyendo procedimientos transparentes para emitir licencias de exportación, mecanismos de cumplimiento, e investigación de posibles exportaciones ilícitas.

Caso Práctico: Controles de Exportación en los Estados Unidos

EE.UU. cuenta con tres agencias con la autoridad para emitir licencias de control de exportaciones: el Departamento de Comercio, el Departamento de Estado y el Departamento del Tesoro. A menudo, los exportadores deben acudir a más de una agencia y, además, solicitar múltiples licencias. Sin embargo, existe un interés por simplificar este proceso para así tener una única agencia a cargo, aunque esto significaría un esfuerzo complicado y difícil de implementar.

El Departamento de Estado de EE. UU. administra quizá el ejemplo más conocido de regímenes de control de exportaciones, el Reglamento sobre Tráfico Internacional de Armas (ITAR, por sus siglas en ingles), un conjunto de regulaciones del gobierno de EE. UU. que controlan la exportación e importación de artículos relacionados con la defensa, así como las funciones, las cuales se enumeran en la Lista de Municiones de EE. UU. (USML, por sus siglas en ingles). Las empresas deben registrar sus productos ante la Dirección de Controles Comerciales de Materiales de Defensa (DDTC, por sus siglas en inglés) del Departamento de Estado, y deben solicitar licencias de exportación, así como la aprobación de su hardware, de acuerdo con el USML, o bien, la aprobación de información técnica que pueda ser exportada. El proceso puede ser costoso y prolongado, añadiendo una carga significativa para las actividades comerciales, especialmente para las pequeñas empresas. El incumplimiento de los requisitos del ITAR puede llevar a graves multas, encarcelamiento y otras sanciones civiles y penales.

Los satélites y las tecnologías relacionadas presentan un desafío importante para el control de exportaciones. A principios de la década de los 2000, el Congreso de EE. UU. aprobó una ley que colocaba a todos los satélites y a las tecnologías espaciales relacionadas dentro del marco de la USML, a razón de las inquietudes que ocasionaba la transferencia de tecnología espacial a China, susceptible de ser utilizada para mejorar sus misiles balísticos. Los controles más estrictos sobre la exportación de tecnología satelital Estadounidense ocasionaron que las empresas extranjeras tuvieran que desarrollar sus propios productos, los cuales a menudo se comercializaban como "libres de ITAR". Como resultado, la participación en el mercado global de las compañías satelitales de EE. UU. se redujo drásticamente. No obstante, una fuerte presión por parte de la industria llevó al Congreso a actualizar la Ley en 2012, otorgando a la Casa Blanca la autoridad para determinar las tecnologías espaciales específicas que permanecerían en la USML y aquellas que serían transferidas a la menos onerosa Lista de Control de Comercio (CCL), mientras que se mantenía una prohibición sobre la exportación de tecnologías espaciales a países específicos. En 2014, después de dos años de debates, tanto interinstitucionales como públicos, el Departamento de Comercio anunció el cambio de algunos tipos de satélites y tecnologías espaciales a la CCL.

Sin embargo, los pasos para reformar los controles de exportación de satélites en Estados Unidos no han respondido a todas las críticas. Las empresas ahora deben determinar si necesitan o no solicitar una licencia del Departamento de Estado o del Departamento de Comercio. En general, el sistema se ha vuelto más complejo. Además, los satélites comerciales que funcionan por encima de un cierto estándar permanecerán aún en la USML, al igual que cualquier nave espacial diseñada para hábitat humano, que cuente propulsión integrada. La discusión sigue en curso entre la industria espacial de EE. UU. y el gobierno Estadounidense sobre cambios y reformas futuras en el control de exportaciones.

Congestionamiento del Espacio

Debido a que los Estados son responsables de sus propias actividades espaciales y las de sus entidades no gubernamentales, las políticas nacionales y la administración para hacer frente al congestionamiento en el espacio son importantes para mejorar la sostenibilidad espacial. Los esfuerzos por afrontar el problema del congestionamiento se dividen en tres categorías principalmente, donde cada categoría aborda un aspecto diferente del problema, a saber: la limitación de la creación de nuevos desechos espaciales, la atención al legado de desechos espaciales que ya están en órbita y, la reducción del impacto negativo en las actividades espaciales de los desechos existentes.

Caso Práctico: Administración y Políticas de Desechos Espaciales en Estados Unidos

En los Estados Unidos, la política espacial nacional ordena a todas las agencias federales que se adhieran a las Prácticas Estandarizadas de Mitigación de Desechos Orbitales del Gobierno Estadounidense, las cuales reflejan claramente las Directrices del Comité Interinstitucional de Coordinación en materia de Desechos Espaciales (IADC). Las prácticas estandarizadas se aplican a todos los programas y proyectos gubernamentales de los EE. UU., incluidos aquellos realizados directamente por agencias de EE. UU. y las financiados por el gobierno Estadounidense. No obstante, las diversas agencias federales que realizan actividades espaciales gubernamentales tienen su propia orientación normativa y marco para implementar estas directivas. Algunos aspectos de la implementación se coordinan a través del proceso interinstitucional, otros se dejan a criterio de la agencia.

Existen tres agencias federales en Estados Unidos con la autoridad reguladora sobre las actividades espaciales no gubernamentales, las cuales implementan y hacen cumplir las directrices sobre mitigación de desechos espaciales en el sector privado: la NOAA, bajo la dirección del Departamento de Comercio, que tiene la autoridad para otorgar licencias sobre sistemas no gubernamentales de percepción remota de la Tierra, la FAA, bajo la dirección del Departamento de Transporte, la cual tiene la autoridad para otorgar licencias sobre lanzamientos comerciales, reingreso de vehículos o vehículos reutilizables, lanzamientos comerciales o instalaciones para reingreso y vuelos comerciales tripulados, y la FCC, que concede licencias sobre el espectro de radiofrecuencias para actividades satelitales no gubernamentales.

En general, las directrices para la mitigación de desechos espaciales para las actividades espaciales no gubernamentales se implementan como parte de estos procesos de concesión de licencias en cada una de estas tres agencias. Sin embargo, existen diferencias en los requisitos establecidos por cada una de ellas. Por ejemplo, la FCC requiere que los titulares de las licencias presenten un plan para la mitigación de desechos durante las operaciones normales y la mitigación posterior a la misión, mientras que la NOAA requiere que los titulares presenten un plan solo para la mitigación posterior a la misión de su satélite de percepción remota. La FCC también solicita a los titulares de las licencias que sigan la regla de los 25 años para desorbitar todos los componentes derivados de un lanzamiento espacial; la FAA no lo hace. Estas diferencias en cuanto a los requisitos y normas para el otorgamiento de licencias se deben en gran medida a las diferencias que tienen las agencias en relación con su enfoque sobre la mitigación del riesgo, como resultado de sus diferentes mandatos legislativos y normativos. Además, solo la NOAA tiene actualmente la autoridad regulatoria sobre las actividades espaciales operacionales; las otras dos entidades son las que otorgan las licencias de pre-lanzamiento y certificación solamente.

Un tema con el que lidian muchos Estados es la aplicación de posibles excepciones a las directrices de mitigación de desechos espaciales. Podría ser necesario eximir de ciertos aspectos específicos de estas directrices a algunos programas gubernamentales de largo plazo, ya que partes de estos programas (o programa) fueron diseñados o implementados antes de que dichas directrices fueran adoptadas. De igual manera, los Estados también pueden inclinarse por exentar a algunos nuevos programas debido a la inquietud que conlleva la implementación de distintas directrices, lo que implicaría un aumento de costos y desafíos operativos. Sin embargo, las exenciones generalizadas tendrían un efecto perjudicial sobre el cumplimiento de las directrices en su conjunto, que en última instancia impactaría negativamente a todos los actores espaciales. Si los Estados van a conceder exenciones, tendrían que hacerlo a través de un proceso riguroso y bien definido que incluya a tomadores de decisiones de alto nivel y que describa claramente los costos y beneficios de estas exenciones.

Además de limitar la generación de nuevos desechos, diversos Estados de igual forma han implementado políticas y prácticas administrativas para minimizar el impacto que los desechos espaciales existentes tienen sobre las actividades espaciales. Los Estados Unidos, Rusia, Francia, Alemania y Japón se encuentran entre los Estados con organizaciones gubernamentales encargadas de monitorear el censo de objetos espaciales y predecir potenciales acercamientos. En algunos casos, estas organizaciones lo hacen en beneficio de sus propios satélites gubernamentales, mientras que en otros lo hacen además para satélites no gubernamentales o extranjeros. En cualquier caso, han establecido procedimientos y mecanismos para el intercambio de datos, a fin de notificar a los operadores satelitales y asistirlos en la evaluación de riesgos de colisión e implementación de cualquier medida de prevención.

Estas prácticas a menudo se incluyen en el debate más amplio sobre la gestión del tráfico espacial o STM (Space Traffic Management); no obstante, en la actualidad no existe una práctica nacional estándar para implementar un STM de una manera integral. Hoy en día depende de cada operador satelital determinar su propia tolerancia al riesgo y usarla como base para evaluar si se deben tomar medidas para evitar un acercamiento con otro objeto espacial. Las técnicas actuales para predecir los acercamientos y posibles colisiones en órbita no son lo suficientemente sofisticadas como para generar políticas obligatorias para las maniobras, con la excepción específica de actividades como los vuelos tripulados.

Diversos Estados también han puesto en marcha políticas y han establecido organismos con el propósito de crear a nivel nacional, una capacidad de reconocimiento de la situación espacial (*SSA-Space Situational Awareness*). Desarrollar la capacidad para rastrear todos los objetos espaciales requiere de una red considerable de estaciones de rastreo en todo el mundo, por lo cual, la mayoría de los países se enfocan solo en el desarrollo

Todos los Estados son exhortados a poner en práctica mecanismos nacionales que lleven a implementar las Directrices de Mitigación de Desechos Espaciales de la IADC (Inter-Agency Space Debris Coordination Committee), dirigidas tanto a actores gubernamentales como no gubernamentales.

de capacidades nacionales para su propio territorio. En la mayoría de los casos, se basa o en capacidades militares o de inteligencia nacional existentes o en capacidades de uso dual. Esto puede crear desafíos para los Estados que no han experimentado previamente la interacción entre su sector de seguridad nacional y su sector espacial civil, o para los Estados que intentan desarrollar capacidades sobre un SSA como una función puramente civil.

Un ejemplo de cómo superar este desafío se puede ver en el caso de Alemania. El Ministerio Federal de Asuntos Económicos y Energía es la entidad encargada de los asuntos espaciales en Alemania, la cual ha coordinado el proceso de establecimiento de una estrategia espacial nacional. La coordinación involucró al Centro Aeroespacial Alemán (DLR, por sus siglas en alemán), que es el responsable de la ejecución del programa espacial nacional y, el Ministerio Federal de Defensa, que funge como el operador de diversos satélites. Parte de la implementación de esta estrategia involucró la creación del Centro Alemán de Reconocimiento de la Situación Espacial, un proyecto conjunto entre DLR y la Fuerza Aérea Alemana, en 2009.

Todos los Estados son exhortados a poner en práctica mecanismos nacionales que lleven a implementar las Directrices de Mitigación de Desechos Espaciales de la IADC (*Inter-Agency Space Debris Coordination Committee*), dirigidas tanto a actores gubernamentales como no gubernamentales. La forma en la que se implementan puede variar según la estructura gubernamental específica del Estado. Por lo general, la implementación incluye políticas para agencias federales, un componente regulatorio en la ley nacional y requisitos de licencias para entidades no gubernamentales.

Contratos Gubernamentales

Los gobiernos suelen realizar contratos relacionados con la entrega de bienes requeridos y/o servicios de parte de empresas del sector privado. Los contratos, que suelen realizarse en varias formas (ver Tabla 5), generalmente detallan los requisitos técnicos y de funcionamiento de los bienes o servicios que serán entregados, el plazo para la ejecución, los requisitos para los informes de desempeño además de las condiciones de pagos. En general, los contratos están destinados a pagar el costo por el desarrollo y entrega de un bien o servicio determinado y a dejar una cierta cantidad de ganancias u honorarios para las compañías que ejecutan el trabajo.

Tipos Comunes de Contratos	
De Precio Fijo	Precio específico y exacto por los servicios y plazos de entrega; maximiza el incentivo para que el contratista controlen los costos; reduce la supervisión del gobierno sobre el desempeño; reduce los incentivos para la innovación.
De Costo Reembolsable	Los costos son variables según los gastos incurridos y honorarios; poco incentivo para que los contratista controlen los costos; posibilidad de que se sobrepase el margen del proyecto; alto grado de supervísión del gobierno en el desempeño.
Por Tiempo y Materíales	Los costos son variables según los gastos incurridos y honorarios; difícil gestionar de trabajo realizado; ideales para proyectos con márgenes altamente definidos.

Tabla 5 - Tipos Comunes de Contratos

Cláusulas de Solución de Controversias

Al momento de la contratación, es probable que las partes deseen incluir cláusulas particulares para la solución previsible y equitativa de las controversias. La Ley Modelo en el Arbitraje Comercial Internacional, elaborada por la Comisión de Naciones Unidas para el Derecho Mercantil Internacional (CNUDMI), define los principales requerimientos o elementos de la solución de controversias a través del arbitraje. Estos principios podrían ser incluidos en un acuerdo internacional. El requerimiento principal es un acuerdo entre las partes para someter a arbitraje todas o ciertas controversias que hayan surgido o que puedan surgir de la relación legal establecida entre estas, ya sea que las disputas sean o no contractuales.

Solamente las reclamaciones que surjan de una relación legal definida son cubiertas por el acuerdo de arbitraje. En general, el acuerdo se referirá a las reclamaciones "que surjan de o estén en conexión con el contrato". Este lenguaje es suficiente para abarcar todas las cuestiones relacionadas con la conclusión, validez, interpretación, desempeño, daños y cese del contrato. Las reclamaciones por daños pueden cubrirse si tienen alguna conexión con el desempeño de las obligaciones contractuales correspondientes de las partes.

Finalmente, se encuentran las Normas Facultativas para el Arbitraje de Controversias relacionadas con las Actividades Espaciales, presentadas por la Corte Permanente de Arbitraje (PCA). Como se discutió en el Capítulo Uno: Arbitraje y Mediación, estas reglas proporcionan un modelo de lenguaje de cláusulas arbitrales que pueden utilizarse en los casos en que las partes desean implementar las Normas Facultativas. Si las partes acuerdan remitir una controversia a la PCA en virtud de estas Normas Facultativas, se interpretará como una "renuncia a cualquier derecho de inmunidad de jurisdicción, con respecto a la disputa en cuestión, a la que dicha parte podría tener derecho"; y no será necesario que la disputa sea calificada por una jurisdicción como específicamente relacionada con el espacio ultraterrestre para que estas normas se apliquen. Las Normas Facultativas se basan en y modifican el Reglamento de Arbitraje de la CNUDMI de 2010 y están destinadas a atender las necesidades particulares de las partes que participan en actividades espaciales. Contiene el lenguaje relevante para regir los elementos del arbitraje, incluido el aviso, la representación, el número y la selección de los árbitros, así como los procedimientos a seguir.

Uso de Cortes Nacionales

En una disputa comercial, por supuesto que es una opción recurrir a cualquier Corte Nacional que tenga jurisdicción sobre la controversia, de conformidad con sus propias normas. Sin embargo, si un Estado acepta o no llevar la disputa a un tribunal nacional, es una cuestión aparte. Temas como la inmunidad soberana juegan un papel importante al momento de considerar si un tribunal tiene jurisdicción sobre un Estado en particular. La pregunta clave con respecto al seguimiento de cualquier caso en un tribunal nacional es la jurisdicción, tanto sobre las partes como sobre el asunto en cuestión. Una vez que se ha determinado la jurisdicción, el demandante debe considerar el escenario más favorable para presentar la reclamación. Además, debe considerar cuestiones como el acceso a los mecanismos de ejecución en el juicio, así como la jurisprudencia anterior relacionada con un caso similar en dicha jurisdicción.

ANÁLISIS DETALLADO: POLÍTICA DE LA PERCEPCIÓN REMOTA Y ADMINISTRACIÓN

Los satélites de percepción remota han estudiado continuamente la Tierra durante más de cuatro décadas, lo que ha generado un valioso repositorio de datos sobre el planeta, los cuales tienen aplicaciones en áreas tan extensas como la salud, la climatología o la planificación urbana, por mencionar algunos. Dados sus estrechos vínculos con el desarrollo socioeconómico, la percepción remota espacial es un área clave de actividad para los nuevos actores espaciales y los ya establecidos, por igual. En virtud de lo anterior, la percepción remota es un caso práctico útil que destaca la interacción entre la política pública y la administración pública e ilustra algunos de los enfoques que diversos países han adoptado para gestionar este tipo de actividad. Además, las nuevas tendencias en las actividades de percepción remota, especialmente por parte de actores no gubernamentales, significan mayores transformaciones en las políticas, lo cual es conveniente que sea considerado por los nuevos actores espaciales.

Política de Percepción Remota

De acuerdo con los elementos principales de la política pública descritos al principio de este capítulo, las políticas de la percepción remota buscan principalmente:

- identificar objetivos y prioridades que guíen la adquisición de datos del planeta;
- definir el papel y las responsabilidades de las actividades de percepción remota gubernamentales, así como las obligaciones de supervisión relacionadas;
- establecer los requerimientos mediante la designación de procedimientos que los operadores privados deben seguir para utilizar sistemas de percepción remota; e
- identificar políticas de datos que rijan las condiciones de acceso y distribución de los datos adquiridos a través de la operación de estos sistemas.

Las políticas de percepción remota pueden incluirse dentro de las políticas espaciales a nivel nacional o pueden ser políticas específicas por separado. En algunos casos, un gobierno establecerá objetivos específicos con respecto a la información que se recopile o las áreas de aplicación prioritarias, identificando los departamentos o agencias que sean responsables de la adquisición de conjuntos de datos operativos o de investigación. Estas agencias gubernamentales de igual manera pueden encargarse de operar sistemas específicos. La guía sectorial dentro de la Política Espacial Nacional de EE. UU. de 2010, señala, por ejemplo, que el Servicio Geológico de los EE. UU. (USGS, por sus siglas en inglés) y la Administración Nacional de Aeronáutica y del Espacio (NASA) cooperarán para mantener un programa operacional de percepción remota terrestre. Esta política también describe tareas relacionadas con la adquisición, archivo y distribución de los datos de percepción remota terrestre globales.

A la luz de los avances tecnológicos que conducen a la proliferación de estos sistemas y la responsabilidad internacional y las obligaciones, discutidas en el Capítulo Uno, las políticas de percepción remota también deben definir el papel con respecto a la supervisión de las actividades no gubernamentales de percepción remota, identificando el departamento o la agencia específica y las tareas que realizan con respecto a este proceso. Estas directrices se encuentran más a detalle en las regulaciones, leyes o políticas correspondientes de dichas agencias. En los Estados Unidos, la autoridad para conceder licencias para sistemas espaciales privados de percepción remota recae en el Secretario de Comercio, una tarea que se ha delegado a la NOAA para su implementación, cuyos principios se ven reflejados en la Política Nacional Comercial de Percepción Remota. Las políticas de la NOAA determinan los principios que guían las actividades relacionadas, tales como políticas de asociación entre el gobierno, la academia y el sector privado, para el suministro de información y servicios ambientales.

Estas políticas de igual manera aluden a los procesos de coordinación necesarios para instrumentar los diferentes elementos que intervienen en la gestión de las actividades de percepción remota, las cuales, además de las comunes para cualquier misión satelital (investigación, desarrollo, lanzamientos, operaciones, etc.), incluyen tareas específicas de procesamiento, archivo y distribución de datos de observación de la Tierra. La coordinación institucional es particularmente necesaria en el campo de la percepción remota debido a la diversidad de usuarios y sectores involucrados que habitualmente obtienen información valiosa de estos datos. Comprender las necesidades de estas diferentes comunidades de usuarios es una tarea a menudo desafiante, aunque crucial, que alimenta este proceso de coordinación con el propósito de mejorar el valor de las inversiones en programas de percepción remota.

Supervisión de Actividades No Gubernamentales

Los rápidos avances tecnológicos a menudo impulsan la evolución de políticas de percepción remota, particularmente debido a la proliferación de satélites de imágenes de alta resolución por parte de fuentes no gubernamentales. Las políticas de percepción remota buscan principalmente avanzar en las actividades de percepción remota nacionales (incluidas las comerciales) para la prestación de servicios, imágenes / datos o productos de valor agregado al tiempo que equilibrar los intereses de seguridad nacional y política exterior. Para ello, las políticas deberán especificar los procedimientos que deben cumplir los operadores no gubernamentales a fin de que se les permita operar sistemas de percepción remota espacial, así como las limitaciones de dichas actividades. El acceso a los datos adquiridos por estos sistemas ya sea de forma libre o comercial, también está sujeto a limitaciones específicas impuestas por la autoridad encargada de la supervisión. La Ley de Sistemas Espaciales de Percepción Remota de Canadá de 2005, por ejemplo, detalla el procedimiento mediante el cual se puede cancelar o revocar temporalmente una licencia operativa cuando se determina que es "perjudicial para la seguridad nacional, para la defensa, para la seguridad de las fuerzas canadienses o la conducción de las relaciones internacionales del país" o "inconsistentes con las obligaciones internacionales de Canadá ". En algunos países, una licencia no puede ser revocada, pero puede requerirse que el operador cese temporalmente las operaciones durante una crisis o conflicto, a veces referido como "control de exposición" o abstenerse de realizar la detección o distribuir datos en áreas del mundo consideradas como sensibles por la autoridad de concesión de licencias.

Los permisos se otorgan a menudo, a través de licencias emitidas una vez que el operador se haya comprometido con el cumplimiento de ciertos procedimientos operativos e incluso procesos de eliminación (relacionados con desechos), y sometiéndose, a veces, a una revisión interinstitucional. Como ejemplo, una aplicación para una licencia comercial de percepción remota de EE. UU., disponible en el sitio web de la NOAA, en la sección sobre Cuestiones Regulatorias sobre Percepción Remota Comercial, destaca los requisitos básicos, los cuales incluyen:

- **Información corporativa:** información de contacto y otros detalles sobre la empresa, una descripción sobre acuerdos relevantes con naciones o personas extranjeras, etc.
- **Información del segmento de lanzamiento:** cronograma de lanzamiento propuesto, fecha operativa prevista, parámetros orbitales, etc.
- **Información del segmento espacial:** resolución prevista y ancho de barrido de los sensores, capacidad de almacenamiento a bordo, vida útil prevista del sistema, etc.
- **Información del segmento terrestre:** sistema de recolección de datos propuesto y capacidades de procesamiento, frecuencias de transmisión, planes para la protección de los enlaces ascendente y descendente, etc.
- **Otra información** incluyendo información financiera sobre políticas propuestas de distribución de datos comerciales, plan para la eliminación del satélite después de la misión, etc.

Políticas de Datos

Las políticas de datos son un componente esencial en las políticas de percepción remota, ya que especifican los derechos de acceso y distribución y las obligaciones con relación a los datos adquiridos a través de estas actividades. En general, estas políticas hacen que la mayoría de los conjuntos de datos de percepción remota adquiridos por el gobierno estén disponibles para beneficios científicos, sociales y económicos al poner dichos datos a disposición de los usuarios del sector gubernamental, sector académico y sector privado. La política de datos del sistema Copérnico de la Unión Europea, por ejemplo, "promueve el acceso, el uso y el intercambio de información y datos de Copérnico de manera completa, gratuita y abierta", y está específicamente vinculada a la promoción del desarrollo económico y a los objetivos de innovación tecnológica. Existen también programas bilaterales y multilaterales de intercambio de datos para facilitar la compartición de conjuntos de datos específicos entre operadores y usuarios de países socios o intercambios para ayudar a abordar desafíos compartidos. La Organización Meteorológica Mundial (OMM), facilita el intercambio internacional de datos y productos meteorológicos y datos y productos relacionados, incluidos los derivados de sistemas espaciales, vinculados con "asuntos concernientes a la seguridad y protección de la sociedad, el bienestar económico y la protección del medio ambiente". Las políticas nacionales de datos abiertos también pueden ser aplicadas, generalmente como parte de una política más amplia que rige el acceso y el uso de datos financiados por el gobierno, las cuales no se limitan al espacio, y que pueden incluir datos adquiridos a través de plataformas aéreas o in situ.

Incluso con la proliferación de políticas de acceso a datos abiertos, las políticas de percepción remota contienen referencias que especifican las condiciones de restricción en el acceso o la redistribución de conjuntos de datos, impulsadas específicamente por razones de seguridad nacional. El principal impulsor de estos elementos en las políticas es la inherente naturaleza dual de las tecnologías de percepción remota, las cuales permiten aplicaciones tanto en el ámbito civil, comercial como militar. En algunos países como Chile, un solo satélite o sistema de percepción remota satisface las necesidades de ambos usuarios, civiles y militares, lo cual lo hace de "doble uso". No obstante, aunque un satélite o un sistema puede diseñarse para atender necesidades exclusivamente civiles, la naturaleza dual de la tecnología permanece, ya que los datos recopilados pueden agregarse o reutilizarse para incorporarse a aplicaciones para fines militares. En consecuencia, y para equilibrar las inquietudes sobre seguridad nacional asociadas con el acceso a la información potencialmente sensible, las políticas de datos generalmente especifican las decisiones o restricciones temporales para la distribución de datos o imágenes de alta resolución, incluyendo aquellas restricciones de los operadores comerciales y proveedores. El intercambio o redistribución de los conjuntos de datos puede estar sujeto a requisitos adicionales y a un examen caso por caso. En Alemania, los datos de observación de la Tierra adquiridos a través de sistemas "con gran capacidad de captación de datos" están sujetos a la Política Nacional Alemana de Seguridad de Datos para Sistemas de Percepción Remota de la Tierra basados en el Espacio, y su distribución se permite dependiendo del nivel de "sensibilidad" de estos datos. Asimismo, la Política de Datos de Percepción Remota de 2011 de la India, señala que son necesarios acuerdos específicos para el intercambio de datos de una resolución superior a 1 metro.

Contexto General de las Políticas

Impulsadas en gran medida por los avances tecnológicos, las políticas de datos y su aplicación a través de licencias y otros mecanismos legales—seguirán siendo un punto focal en la evolución de la práctica de la percepción remota, que se manifiesta actualmente a través de la aparición de múltiples fuentes de datos y servicios no gubernamentales. La expansión de los actores no gubernamentales dentro de la cadena de valor de la actividad de percepción remota completa desde la investigación y las operaciones hasta el procesamiento y archivo de datos es una de las tendencias que plantea nuevas cuestiones sobre políticas y normatividad. Otra tendencia importante es la proliferación de productos y servicios geoespaciales que resultan de la acumulación de múltiples conjuntos de datos, que pueden venir de diversos proveedores y, a menudo, recopilados desde diversas plataformas espaciales, aéreas e in situ. En un contexto donde las actividades de percepción remota representan una parte de las actividades espaciales que los gobiernos deben supervisar, los datos y los servicios derivados del espacio pueden estar sujetos a regulación o supervisión de múltiples agencias gubernamentales y deben someterse a diferentes regímenes legales. Por ejemplo, los debates relacionados con la privacidad, que surgen de los sistemas de aviones no tripulados (UAS, por abreviación en inglés) en los Estados Unidos, están comenzando a expandirse y a incluir temas con inquietudes similares relacionados con pequeños satélites, a pesar del hecho de que estos sistemas actualmente operan en dominios legales diferentes. Estos y otros desarrollos sugieren que, en algunos países puedan surgir nuevas normas que regulen las aplicaciones o los tipos de datos que se recopilan, en lugar de regular plataformas de recopilación específicas. En este contexto, los nuevos actores espaciales deben estar conscientes de este contexto general en cuanto a políticas y deben prestar atención sobre cómo las prácticas de la administración pública que abarcan medidas, legales, regulatorias y políticas sobre dominios no espaciales pueden aplicarse a esta área clave de las actividades espaciales.

Greg Wyler

Fundador y Presidente Ejecutivo

OneWeb

INTRODUCCIÓN

La órbita terrestre ofrece una ventaja única para las aplicaciones críticas en la industria, la ciencia, la política y más. Históricamente, muchos han pensado que este "espacio inmobiliario" es virtualmente infinito; sin embargo, con las constelaciones de satélites nos acercamos rápidamente a los límites de un congestionamiento en varias órbitas.

Los operadores pueden utilizar estas órbitas, pero como otros recursos naturales, deben protegerlos para las generaciones futuras. El diseño operacional de las naves espaciales y las constelaciones deberá minimizar la posibilidad de crear basura espacial durante la vida activa de la misión y en la fase de eliminación. Quizá la industria se alinee con las normas voluntarias de conducta para garantizar el diseño seguro de las constelaciones y la gestión del tráfico; de no ser así, las agencias intergubernamentales tendrán que intensificar la tarea.

Finalmente, modificando un viejo adagio: ¡no heredamos la órbita de la Tierra, sino que la tomamos prestada a futuras misiones!

TRES

OPERACIONES RESPONSABLES EN EL ESPACIO

Los capítulos anteriores se centraron en discutir el marco legal internacional dentro del cual se dan las actividades nacionales y cómo los Estados establecen su política espacial, realizan la coordinación interinstitucional y supervisan y regulan sus actividades nacionales a través de la legislación, la concesión de licencias y la autorización.

Este capítulo se enfocará en abordar las actividades espaciales en sí, el cual se divide en: pre-lanzamiento, lanzamiento, en órbita y cuestiones al final de la vida útil, y, por consiguiente, resulta en una perspectiva más tecnológico y operacional que los capítulos anteriores. Brinda orientación concreta a los nuevos actores en el espacio ya sea nuevos Estados, empresas de nueva creación o proyectos académicos dirigidos por universidades a medida que comienzan sus actividades espaciales. Las mejores prácticas contenidas en este capítulo se refieren a los tipos de conducta que los actores responsables deben observar si desean realizar operaciones espaciales exitosas, al tiempo que se preserva el orden, fomentar la cooperación y asegurar la sostenibilidad a largo plazo de las actividades espaciales.

PRE-LANZAMIENTO

Las actividades espaciales comienzan mucho antes de que un satélite se lance al espacio. Además de diseñar y construir la nave espacial, existen una serie de medidas legales, administrativas y políticas que deben tomarse en consideración. Los siguientes temas están estrechamente conectados con el lado operativo de cualquier actividad espacial y deben considerarse mucho antes del lanzamiento y el comienzo de las operaciones en el espacio.

Gestión de Licencias

En muchos casos, un operador satelital u otro nuevo actor espacial necesita obtener una o más licencias para sus actividades espaciales. Estas licencias incluyen radiofrecuencia, percepción remota y operaciones del vehículo de lanzamiento. Como se ha mencionado, los gobiernos nacionales generalmente administran este acceso a través de licencias que los operadores satelitales deben obtener antes de que se les permita poner en marcha su(s) sistema(s). Los operadores de lanzamiento también deben obtener licencias, que pueden ser de forma separada para las actividades de lanzamiento y para las actividades de reingreso.

Requisitos para la Gestión de licencias

Los requisitos para la obtención de licencias definen diversos aspectos de las operaciones espaciales, incluidas las operaciones de telecomunicaciones y de percepción remota, los servicios de lanzamiento y las operaciones de las estaciones satelitales terrestres. La emisión de licencias es uno de los medios que los Estados utilizan para asegurar el cumplimiento de sus obligaciones con respecto al Tratado, como se explicó en el Capítulo Uno. Las licencias cubren una gran variedad de temas como el acceso al espectro, la garantía de la seguridad nacional, el cumplimiento de los requisitos de seguros y de seguridad, así como el seguimiento a las criterios de mitigación de desechos espaciales. De igual manera, los operadores satelitales y de lanzamiento son los responsables de solicitar y asegurar licencias por parte de las autoridades nacionales correspondientes, en relación con su sede o el lugar dónde realizarán sus operaciones. Las autoridades reguladoras responsables de la emisión de licencias varían según el país y el ámbito de las operaciones, y pueden incluir agencias espaciales nacionales, agencias nacionales de telecomunicaciones y agencias nacionales comerciales o económicas.

Gestión de Licencias de Frecuencias

En el segmento de telecomunicaciones satelitales, uno de los objetivos principales de los requisitos para la concesión de licencias es la coordinación y asignación del espectro de radiofrecuencias a nivel nacional e internacional. Los operadores que buscan implementar un sistema de comunicaciones satelitales deben solicitar una licencia para operar dicho sistema. Ya que el espectro es un recurso limitado, el proceso de concesión de licencias actúa para garantizar un acceso equitativo a este recurso al tiempo que proporcionar un mecanismo para limitar la posibilidad de interferencia entre los sistemas satelitales como también entre los sistemas satelitales y los usos terrestres de radiofrecuencias iguales o adyacentes.

Como se describió en el Capítulo Dos: Supervisión Pública y Administración Nacional, los agentes reguladores han implementado un régimen de concesión de licencias que garantiza la coordinación y el cumplimiento de las políticas y regulaciones de la Unión Internacional de Telecomunicaciones (UIT). En muchas jurisdicciones, el supervisor responsable de otorgar una licencia a un operador de comunicaciones por satélite es la misma autoridad responsable de presentar la solicitud a la UIT por parte de ese país. No obstante, no siempre es el caso; por ejemplo, en el Reino Unido, la Oficina de Comunicaciones (Ofcom) es la responsable de enviar las solicitudes a la UIT, mientras que la Agencia Espacial del Reino Unido es la autoridad encargada de otorgar las licencias.

En general, cualquier operador que busca establecer un sistema satelital que recibirá o transmitirá datos (incluidos los enlaces de comando y control) a través del espectro de radiofrecuencias, debe solicitar una licencia por parte de la agencia reguladora correspondiente. Los posibles operadores deben proporcionar una serie de información técnica y comercial a la entidad al momento de presentar las solicitudes. En general, las solicitudes para una licencia deben contener datos técnicos describiendo el sistema incluyendo las bandas espectrales que usarán, implementación de una línea de tiempo planeada, e información concerniente a la habilidad financiera para construir, lanzar, y operar el sistema. Las aplicaciones pueden también requerir detalles sobre los pasos a seguir para reducir potenciales interferencias a través de la coordinación con otros operadores, así como un plan de eliminación posterior a la misión que tome en cuenta los lineamientos de mitigación para basura espacial.

Algunos reguladores también requieren que los operadores obtengan licencias para las estaciones terrestres utilizadas para comunicarse con los satélites, incluido el equipo terminal de usuario final (tradicionalmente conocido como "estaciones terrenas"). Las licencias de estaciones terrenas sirven para reducir el potencial de interferencia de radiofrecuencia, en particular la interferencia con otras aplicaciones terrestres, y también pueden incluir disposiciones para evaluar la interferencia física con otras aplicaciones, como la aviación. Las aplicaciones para licencias de estaciones terrenas generalmente requieren detalles técnicos y de negocios similares a las aplicaciones de redes satelitales. Para las terminales de usuario final, la autoridad de licencias puede emitir licencias generales que cubran equipos técnicamente idénticos.

Licencias de Percepción Remota
De conformidad con el régimen internacional que se aborda en el Capítulo Uno y también se explica a profundidad en el análisis de la Percepción Remota al final del Capítulo Dos, los gobiernos nacionales también pueden requerir que los operadores comerciales de satélites de percepción remota soliciten una licencia que cubra las capacidades de imagen del sistema satelital. Estas licencias pueden ser emitidas por autoridades separadas de los responsables de los aspectos de los sistemas de comunicaciones. Las licencias de percepción remota suelen ser

necesarias para garantizar la coordinación con las políticas de seguridad nacional. La información requerida para ser presentada puede incluir detalles técnicos del sistema; fechas esperadas de operación; información del lanzamiento; adquisición, acceso y planes de distribución de datos; política de precios de datos; acuerdos planificados con entidades extranjeras; y un plan de eliminación posterior a la misión. Las licencias de percepción remota pueden solicitar condiciones al operador, tales como restricciones de resolución y la capacidad de restringir la toma de imágenes del territorio nacional.

Licencias de Lanzamiento y Reingreso

Las entidades que prestan servicios de lanzamientos comerciales generalmente deben obtener una licencia de lanzamiento de una autoridad nacional, la cual puede ser diferente de la autoridad responsable de otras licencias relacionadas con el espacio. Estas licencias pueden ser específicas para las operaciones de lanzamiento o las operaciones de reingreso y pueden tener diferentes requerimientos en función de si el vehículo de lanzamiento (o reingreso) es experimental u operativo y si es reemplazable o reutilizable.

Las licencias de lanzamiento y reingreso permiten a un operador realizar uno o más lanzamientos o reingresos, definido por un conjunto específico de parámetros operativos, los cuales se encuentran codificados en (y autorizados por) la licencia. Estos parámetros generalmente incluyen, pero no se limitan a: nombres de las misiones, ventanas y trayectoria de lanzamiento previstas, parámetros para la(s) carga(s) útil(es) prevista(s) y las órbitas finales, planes de seguridad en tierra y de vuelo, plan de investigación de accidentes y ventanas y trayectoria de reingreso (si es aplicable). Por lo general, también se requiere que los operadores proporcionen información que demuestre que las operaciones de lanzamiento previstas cumplen con las políticas ambientales, las regulaciones de control de exportaciones y otros requerimientos inherentes a la concesión de la licencia (por ejemplo, frecuencia y percepción remota), así como obligaciones sobre seguros y coberturas de responsabilidad civil.

Para obtener una licencia, los proveedores de lanzamientos pueden solicitar información a los operadores de los satélites que serán lanzados. El proceso para la obtención de una licencia de lanzamiento implica varios pasos y solicitudes a la autoridad reguladora. En consecuencia, las autoridades a menudo ofrecen servicios de consulta previa a la solicitud a fin de que los operadores conozcan los pasos y la información requerida antes de iniciar el proceso.

Las licencias de lanzamiento y reingreso sirven para muchos propósitos. Actúan para proteger los intereses relativos a la seguridad pública, incluyendo la protección de la seguridad de terceros en tierra, así como la coordinación con las funciones de gestión del tráfico aéreo. El proceso de concesión de licencias proporciona a las autoridades nacionales la capacidad para revisar las operaciones de lanzamiento previstas, comparándolas con las consideraciones de seguridad nacional y otras regulaciones y requerimientos nacionales. El proceso para licencias de lanzamiento también funciona para garantizar que las autoridades nacionales recopilen la información necesaria para satisfacer los requerimientos del registro internacional del lanzamiento.

Proceso de Concesión de Licencia: Obtener una Licencia

La concesión de licencias impone obligaciones tanto a las agencias gubernamentales que emiten las licencias como a los operadores que son los concesionarios. El proceso de aprobación generalmente incluye una etapa de coordinación interinstitucional en el cual la autoridad de concesión consulta con otras agencias gubernamentales, que podrían verse afectadas por o, son parte de la supervisión de, la operación propuesta. Esto reduce la carga administrativa sobre el operador al simplificar el número de consultas que deben realizar. Las autoridades de concesión de licencias podrían tener la obligación de realizar la debida diligencia técnica y financiera en las solicitudes recibidas, lo que ayudaría a reducir el número de aplicaciones que son poco serias, contribuyendo así a que los recursos (como el espectro) se asignen a operadores que si los utilizarán. Los operadores deben estar preparados para responder a las solicitudes de diligencia debida durante el proceso de aprobación de la licencia.

Al solicitar la licencia, los operadores deben conocer las posibles tarifas administrativas y el tiempo que se necesita para procesar la solicitud. Las tarifas están destinadas para que la autoridad emisora recupere los costos asociados con el proceso de la solicitud. Los tiempos de dicho proceso varían, pero pueden ser significativos dependiendo de la eficiencia de la autoridad y la coordinación interinstitucional requerida. Para las aplicaciones que precisan de la coordinación y de un proceso completo con la UIT, el tiempo puede tomar años. Los planes de despliegue del sistema deben tener en cuenta estos tiempos de proceso.

Las solicitudes, los procesos y los requerimientos pueden diferir según el dominio de la operación o el tipo de sistema. Los sistemas que operan en la órbita geoestacionaria (GEO) pueden estar sujetos a un proceso diferente de aquellos que operan en otras órbitas. En el segmento de telecomunicaciones, los servicios fijos por satélite (FSS, por sus siglas en inglés), los servicios móviles por satélite (MSS, por sus siglas en inglés) y los servicios de radiodifusión por satélite (BSS, por sus siglas en inglés) pueden tener diferentes procesos de concesión de licencias. Por otro lado, algunos reguladores nacionales pueden solicitar requisitos menos onerosos a los operadores de satélites aficionados, así como algunas autoridades responsables de las operaciones de lanzamientos pueden realizar distinciones entre los sistemas experimentales y los sistemas operativos. Es responsabilidad del operador determinar qué categorías son aplicables a su sistema, aunque las autoridades nacionales pueden ofrecer consultas sobre el tema. Durante el proceso, los solicitantes, además, deben tener en cuenta que algunos reguladores nacionales hacen públicas las solicitudes (ya sea en parte o en su totalidad), donde se permitan comentarios públicos sobre las mismas, lo cual puede traer implicaciones para su estrategia comercial.

Las licencias suelen tener un período de validez, después del cual puede requerirse una solicitud de renovación. Una vez que es emitida, los operadores son responsables de proporcionar informes continuos a la autoridad de concesión. Comúnmente se requiere que los operadores de satélites informen sobre cualquier cambio importante en las operaciones del sistema incluidas las fallas técnicas o, sobre su desempeño, para lo cual les pueden ser requeridos informes de desempeño anual. Estos requisitos de información satisfacen la obligación de la autoridad de proporcionar una supervisión continua sobre sus concesionarios.

Selección de Vehículos de Lanzamiento

Al seleccionar un vehículo de lanzamiento, los operadores satelitales, especialmente los nuevos operadores, generalmente contratan a un consultor técnico para asesorarse sobre la selección del vehículo de lanzamiento. El consultor técnico suele ser un veterano de la industria con experiencia y conocimiento del ramo. Al ser contratado, el operador de satélites y el consultor técnico solicitan a un grupo de operadores de lanzamiento calificados que envíen una propuesta de evaluaciones técnicas a fin de determinar si su vehículo de lanzamiento es capaz de acomodarse a la misión satelital específica del operador. Las propuestas de lanzamiento son evaluadas por el operador y el consultor técnico.

Si un operador de satélites requiere de un seguro de lanzamiento (de hecho, la mayoría de los operadores sí lo requieren, para cumplir con las obligaciones financieras y los requisitos de licencia), es probable que un corredor de seguros trabaje con el operador, así como con los proveedores de lanzamiento seleccionados para determinar las tasas de seguro apropiadas. El tema de los seguros se discute más adelante en este Capítulo. Si es posible, es importante que el operador de satélites trabaje de cerca con el proveedor de lanzamiento y, además, tenga a un representante independiente en el lugar para que participe en las operaciones. No obstante, los proveedores de servicios de lanzamiento no permitirán que se excedan sus límites, ya que esto podría resultar en una falla catastrófica o en el despliegue del satélite en una órbita incorrecta. Es importante seleccionar un vehículo de lanzamiento con la capacidad de rendimiento adecuada y un margen de desempeño apropiado para adaptarse al peso del satélite, si es necesario.

Los proveedores de lanzamiento normalmente tienen una fila de cargas útiles en espera de ser lanzadas, ya que, realizar un lanzamiento espacial es un esfuerzo complejo que requiere la coordinación de muchas tareas complicadas, las cuales pueden verse afectadas por una variedad de factores que son difíciles de controlar. El vehículo de lanzamiento y los satélites a menudo están integrados por componentes fabricados por docenas a cientos de proveedores. Esos componentes deben probarse para asegurar el adecuado funcionamiento, antes y durante la integración entre el satélite y el vehículo de lanzamiento. Cualquier anomalía descubierta durante las pruebas a menudo requiere del desmontaje y de pruebas adicionales. Además, la falla de un vehículo de lanzamiento o, de un satélite que ya esta en órbita, que comparte el hardware con un nuevo satélite en fabricación, puede implicar un retraso en la producción hasta que se determine la causa de dicha falla. Incluso si una nave espacial y un vehículo de lanzamiento ya se encuentran en el sitio de lanzamiento según lo programado, puede ser necesario esperar hasta que se lancen otras cargas útiles que tengan prioridad y que hayan experimentado retrasos en sus calendarios. Una vez en la plataforma de lanzamiento, el clima y los problemas de comunicación con el lanzador pueden retrasar aún más el lanzamiento. Todos estos factores llevan a que, en realidad, muchos lanzamientos no ocurren cuando se programan originalmente.

Un nuevo operador satelital debe esta preparado financieramente para soportar un retraso significativo en el lanzamiento, lo cual podría requerir cargos costosos de almacenamiento del satélite, aunado a la falta de ingresos planificados por las operaciones satelitales.

Un nuevo operador satelital debe esta preparado financieramente para soportar un retraso significativo en el lanzamiento, lo cual podría requerir cargos costosos de almacenamiento del satélite, aunado a la falta de ingresos planificados por las operaciones satelitales.

Integración de múltiples Cargas Útiles

Existen varias formas en las que un proveedor de lanzamientos puede integrar múltiples cargas útiles en el mismo lanzamiento. Una de las más probadas es el "apilamiento de satélites". El pesado vehículo de lanzamiento ruso Proton apila dos satélites; con el satélite inferior soporta la masa del satélite superior a través de una interfaz apropiada. Alternativamente, el vehículo de lanzamiento europeo **Ariane-5** utiliza una estructura rígida, un tipo de plataforma que transporta la masa del satélite superior, en lugar de que se apoye en el satélite inferior.

Algunos satélites están diseñados desde el principio para lanzarse juntos, de una manera agrupada eficiente. El fabricante de satélites francoitaliano *Thales Alenia Space* ha diseñado interfaces espaciales, como las que se han utilizado en la constelación *Iridium*, para agrupar satélites de manera eficaz, a fin de aprovechar las opciones de lanzamiento a menor costo. Este diseño es particularmente común con grandes constelaciones de satélites pequeños, varios de los cuales pueden lanzarse en el mismo plano orbital al mismo tiempo. Por ejemplo, la constelación de comunicaciones de órbita baja *Iridium* fue diseñada para tener hasta 66 satélites operativos, distribuidos en 11 planos orbitales. Excepto por el ocasional lanzamiento en solitario, la mayoría de los satélites *Iridium* se han lanzado en grupos de cuatro y seis, en vehículos Estadounidenses, rusos y chinos.

Para otras misiones satelitales, es más eficiente desplegar la carga útil en el espacio o en el satélite de otro operador, una técnica conocida como "*hosted payload*" o "carga útil hospedada", lo que elimina la necesidad de construir y lanzar un satélite para ese fin. En una configuración de carga útil hospedada, el propietario de la carga útil le paga al operador del satélite para transportar un instrumento que utilice las aplicaciones del satélite anfitrión, como energía, transferencia de datos, etc. Finalmente, a medida que se anuncian nuevas grandes constelaciones de satélites de comunicaciones, surge un concepto llamado "*hosted bus*" o "plataforma de alojamiento". En esta configuración, un operador puede adquirir una nave o satélite, situándolo en la misma plataforma que los otros satélites en una constelación. El operador de la plataforma de alojamiento se beneficia ya que los costos de ingeniaría extras de la plataforma son pagados por el operador de la constelación, haciendo que la plataforma sea mucho menos costosa de construir.

Otro beneficio importante es que el operador de plataformas de alojamiento puede utilizar la red de comunicaciones y la infraestructura terrestre de la constelación y compartir un lanzamiento a un precio relativamente bajo.

Recientemente, el concepto de lanzamiento de múltiples cargas útiles de diversos operadores en el mismo lanzamiento, conocido como *"rideshare"* o "viaje compartido", se ha vuelto muy popular. Un viaje compartido, en su nivel más básico, se puede definir como múltiples satélites que comparten el mismo vehículo de lanzamiento. Diversos operadores satelitales, especialmente aquellos que operan satélites pequeños o *cubesats*, pueden elegir lanzar como carga útil secundaria, en lugar de como comprador principal de un lanzamiento. Como carga útil secundaria, los operadores están aprovechando el volumen de carga útil sobrante y el margen de masa para compartir esencialmente un lanzamiento comprado por otro operador de satélites. Las entidades que desean contratar el lanzamiento, a través de un convenio de viaje compartido, pueden hacerlo directamente con un operador de lanzamientos o con un operador de satélites. También pueden realizarlo a través del servicio de un *broker* o agente de lanzamientos, el cual se dedica a empatar las cargas útiles con las oportunidades de lanzamiento. Algunos brokers pueden comprar para ellos mismos un lanzamiento exclusivo y después agregar varias cargas útiles.

Los convenios de viajes compartidos suelen tener un costo más bajo que comprar un lanzamiento exclusivo, cuyo costo puede ser prohibitivo para muchos nuevos actores. Sin embargo, el enfoque tiene sus inconvenientes. Las cargas útiles secundarias normalmente tienen una capacidad reducida para influir en el calendario del lanzamiento, que generalmente se negocia entre el operador de lanzamiento y el operador de la carga útil primaria. Las cargas útiles secundarias también pueden encontrarse con opciones limitadas de inserción orbital y enfrentarse a una vibración y un entorno acústico por arriba de sus parámetros óptimos durante el lanzamiento, ya que estos parámetros se definen de acuerdo con los requisitos de la misión de la carga útil primaria. Además, un viaje compartido aumenta la complejidad del lanzamiento y el despliegue, incrementando, por lo tanto, la amenaza de un fallo. Se deben evaluar diversos riesgos de los viajes compartidos antes del lanzamiento, incluyendo los peligros por una explosión, la compatibilidad electromagnética, las descargas eléctricas, la ruptura de la batería, la fuga de electrolito, los bordes afilados, las protuberancias y los despliegues prematuros de mecanismos.

Acuerdo de Servicios de Lanzamiento

Asegurar un lanzamiento al espacio ultraterrestre con un proveedor de lanzamientos requerirá de llevar a cabo un contrato legalmente vinculante denominado "acuerdo de servicios de lanzamiento". Este acuerdo define metódicamente todos los detalles del lanzamiento, así como los elementos para realizarlo. De igual manera, delinea todos los roles y responsabilidades particulares de los actores, los cuales en general se refieren a que el cliente entregue un satélite apto para el lanzamiento y que, el proveedor del lanzamiento preste ciertos servicios, como la integración exitosa del satélite en el cohete y el lanzamiento seguro y exitoso a la órbita correcta.

Cada convenio incluirá características únicas para cada lanzamiento en particular, aunque, como en la mayoría de los contratos siempre tendrá ciertos elementos que lo harán un contrato legalmente vinculante. Si bien los contratos que utilizan las compañías pueden parecer extensos, que lidian con detalles y que abordan escenarios que podrían no ocurrir (como fallas de lanzamiento y otros contratiempos), los contratos legales son en realidad documentos matizados en los que se perfecciona el entendimiento y las expectativas compartidas de las partes, a través de un número determinado de palabras que abordan los detalles, definen los roles y asignan los riesgos, haciéndolo de una manera tal como se presentaría ante un tribunal en forma de un contrato válido. Un contrato es un reflejo escrito de la comprensión compartida de las partes de lo que se comprometen a hacer.

Para que, tanto el proveedor de lanzamientos como el cliente, tengan exactamente el mismo entendimiento sobre ciertas palabras en particular, se utiliza el contrato de lanzamiento para ahí definirlos términos más importantes. La sección de definiciones de un contrato podría contener lo siguiente: "satélite", "servicios de lanzamiento", "oportunidad de lanzamiento", "vehículo de lanzamiento", "ventana de lanzamiento", "lanzar" o "lanzamiento", "servicios posteriores al lanzamiento", "lanzamiento compartido", "tercera parte", "carga útil auxiliar", "lanzamiento abortado", "fallo del lanzamiento", "fallo parcial" y otros términos importantes. Debido a estas definiciones, cada parte debe comprender estos términos y aceptarlos en el momento de celebrar el contrato.

Las implicaciones de estas definiciones deben ser igualmente claras. Por ejemplo, "fallo del lanzamiento" podría definirse de manera diferente a "fallo parcial de lanzamiento". Si es que se produce el desafortunado fallo y el satélite no se coloca en la órbita correcta, la situación resultante podría categorizarse como una falla de lanzamiento o tal vez solo una falla parcial. Esta categorización podría tener un impacto directo en la activación de las disposiciones del seguro e incluso, de responsabilidad. Por lo tanto, las definiciones en el contrato de lanzamiento son vitales y deben ser examinadas profundamente por las partes.

Otro componente del convenio de servicios de lanzamiento son las secciones que enumeran las acciones a ser ejecutadas por ambas partes. Estas acciones, algunas veces llamadas "compromisos" o "compromisos técnicos", especifican precisamente lo que cada parte debe hacer para que la otra parte pueda cumplir con sus obligaciones según el contrato. Debido a que lanzar *hardware* avanzado al espacio ultraterrestre es un logro tecnológico, las partes realmente se convierten en socios durante un cierto tiempo.

Por último, las partes en un contrato de lanzamiento deben enfrentar la posibilidad de un desastre y, considerar negociar y acordar qué riesgos corren por parte de quién, qué derechos se otorgan en el caso de ciertos eventos y qué roles debe jugar cada parte. Una sección del contrato contendrá alguna adjudicación de estos posibles riesgos y responsabilidades.

Los contratos estándar fuera de la industria espacial contienen una cláusula a menudo llamada "cláusula de fuerza mayor", la cual hace referencia a que si una intervención, incidente o, dicho de otra manera, un "acto de Dios" sucede, eximirá a las partes de emprender sus compromisos asumidos en virtud del contrato.

Seguro

Los seguros pueden ser requeridos por la autoridad reguladora nacional que otorga las licencias y supervisa las actividades espaciales. No obstante, podrían también ser solicitados por el proveedor de servicios de lanzamiento en el marco del acuerdo de servicios de lanzamiento acordado. Un comprador de lanzamientos puede obtener un seguro para minimizar la exposición resultante de una falla de lanzamiento. En general, los vehículos de lanzamiento con un historial menos confiable poseen seguros más costosos, mientras que lo contrario sucede con los sistemas más confiables. Por lo tanto, el seguro puede equilibrar la diferencia de precio entre las opciones de lanzamiento de bajo costo alto riesgo y los proveedores de lanzamiento más confiables y de alto costo. El seguro más comúnmente utilizado es el seguro de lanzamiento, que extiende la cobertura desde la ignición del vehículo de lanzamiento hasta la entrega en órbita. Si es necesario, se adquiere una póliza por separado para cubrir fallas del satélite durante su fase operativa en órbita. De igual forma, un comprador de lanzamientos debe estar al tanto de los criterios de responsabilidad que se aplican en los países que albergan a los proveedores de lanzamientos. Si una falla de lanzamiento causa daños al público no involucrado, un comprador puede estar expuesto a una responsabilidad.

Algunos países han creado regímenes de indemnización que establecen un nivel máximo de responsabilidad de terceros a fin de que su gobierno nacional pague los daños que excedan esa cantidad.

Pruebas para Cargas Útiles antes del lanzamiento

El lanzamiento de un satélite significa exponerlo a fuerzas acústicas y de vibración importantes, a golpes, a cargas juntas y a efectos térmicos y electromagnéticos, por mencionar algunos. Los diseñadores e ingenieros satelitales deben consultar la guía del usuario de un vehículo de lanzamiento a fin de obtener información sobre el medio ambiente que los rodeará durante su lanzamiento y probar adecuadamente al satélite para asegurarse de que sobreviva a dicho lanzamiento. Estos riesgos también pueden extenderse a las fases tempranas de las actividades en órbita de un satélite, especialmente si se llevan a cabo semanas de maniobras para alcanzar su órbita final. Pueden tomarse medidas durante el diseño, la ingeniería y las fases de prueba a fin de lograr un despliegue exitoso.

Durante la fase de diseño, es recomendable seleccionar una plataforma satelital, el cuerpo principal del satélite que se haya probado y que tenga experiencia espacial validada. Los diseños satelitales utilizados comúnmente deben recopilar datos significativos sobre cómo la estructura y los componentes de la nave espacial actúan en el entorno del lanzamiento. El uso de una combinación probada de satélites y vehículos de lanzamiento reduce aún más el riesgo de fallas en el despliegue de la carga útil.

Las naves deben ser diseñadas para manejar la vibración y los efectos acústicos generados por los motores del cohete cuando un satélite se lanza al espacio. La nave estará expuesta a al menos tres tipos de entornos vibro-acústicos que ocurren durante el lanzamiento: la vibración aleatoria, la vibración sinusoidal y la vibración inducida acústicamente. Los mayores efectos vibro-acústicos se presentan durante los primeros minutos del lanzamiento, aumenta presión y las reverberaciones son las más fuertes. A esto le siguen los ruidos de flujo a medida que el aire fluye sobre el carenado de la carga útil, causando un sonido reverberante en el interior, que es particularmente fuerte durante el vuelo a través de una presión altamente dinámica, tal como la transición a través de la barrera del sonido. La información sobre el entorno vibro-acústico de un sistema de lanzamiento se puede encontrar en la guía del usuario de un vehículo de lanzamiento.

La mayoría de los métodos de pruebas en tierra se enfocan en simular y simplificar el entorno del lanzamiento, probando al máximo las condiciones extremas, en lugar del perfil de la misión en específico. Por lo tanto, si el diseño de una nave espacial es susceptible a efectos vibratorios, se deben desarrollar pruebas de vibración no estándar más concretas para esa nave espacial. Los efectos de vibración pueden mitigarse durante las fases de diseño e ingeniería, al incorporar soluciones de control de movimiento, a fin de ayudar a atenuar los eventos vibratorios sinusoidales, así como la vibración aleatoria creada por el vehículo de lanzamiento.

Las naves experimentarán aceleraciones transitorias cortas e intensas, con un amplio contenido de frecuencia y una duración muy corta, generalmente de menos de 20 milisegundos. Estos choques ocurren durante acciones específicas del vuelo, como la separación de una etapa con una carga explosiva, lo cual puede modelarse y probarse directamente en tierra. Los peligros del choque se pueden mitigar mediante el uso de mecanismos de liberación no pirotécnicos tipo perno.

Además de tener en cuenta los efectos de la vibración acústica y los choques generados por el vehículo de lanzamiento, también es necesario comprender los eventos en donde las cargas se juntan, resultado de a la interacción del vehículo de lanzamiento y la nave espacial, que actúan como un sistema estructural completo. Existe una variedad de métodos para llevar cargas que se juntan, aunque su calidad y precisión dependen en gran medida del modelo dinámico estructural de la nave espacial, así como de los datos recogidos de sus vuelos. Durante el curso del proceso de selección del vehículo de lanzamiento y del diseño del satélite, es conveniente actualizar de manera iterativa el modelo de cargas juntas, a medida que el diseño de la nave espacial madura y se recopilan más datos sobre el margen de potencia de un sistema de lanzamiento.

Durante la fase de lanzamiento y alcance de la órbita, el entorno térmico debe mantenerse dentro de los límites para los cuales se han diseñado y calificado sus componentes electrónicos y mecanismos de despliegue. Para ello se utilizan diferentes métodos. En la plataforma de lanzamiento, la cápsula del vehículo de lanzamiento está climatizada para mantener los límites de las oscilaciones de temperatura. Después de desplegar el carenado, el vehículo de lanzamiento rota para exponer al satélite al Sol a fin de mantener su temperatura al interior dentro del rango aceptable para sus componentes electrónicos y para calentar los mecanismos de despliegue.

Durante el lanzamiento, la nave espacial estará expuesta a diversos entornos electromagnéticos, incluyendo la energía proveniente de los radares de rastreo, los transmisores de radiofrecuencia (RF) del vehículo de lanzamiento, así como el vuelo a través de las regiones de protones energéticos y de rayos atmosféricos. Por lo tanto, durante la fase de ingeniería, es importante cumplir estrictamente con las especificaciones de diseño electromagnéticas y simular las posibles apariciones de interferencia. La compatibilidad a nivel de sistema entre una nave espacial y un vehículo de lanzamiento se resuelve a través de pruebas de aviónica integradas durante la fabricación, con especial atención a las necesidades de adhesión y aislamiento al vehículo de lanzamiento. Las pruebas completas de integración del sistema se realizan en el sitio de lanzamiento.

El Vínculo Entre las Pruebas y la Mitigación de Anomalías

La importancia del diseño, la fabricación y las pruebas de una nave espacial no puede minimizarse cuando se trata de mitigar anomalías en órbita. Para todas las misiones, excepto las humanas, estas fases presentan la única oportunidad para una verdadera "práctica" y reingeniería de un sistema. La siguiente lista muestra las mejores prácticas a considerar en el desarrollo del proceso, desde la fase pre-operacional a las fases para reducir las incidencias y el impacto de ciertas anomalías en órbita:

- ☑ Realizar un detallado Análisis de Modo y Efecto de Fallas (FMEA, por sus siglas en inglés), en las múltiples fases del diseño y eliminar los puntos comunes de fallo siempre que sea posible.
- ☑ Aprovechar los resultados del FMEA para desarrollar procedimientos operativos sólidos y detallados y ejecutarlos durante la fase de integración y prueba (I&T, por su abreviación en inglés), a fin de calificar el comportamiento del sistema, con la oportunidad de actualizarlo antes del lanzamiento.
- ☑ Catalogar y resguardar toda la documentación y los datos de prueba, incluido el material suministrado por el proveedor. Esta información puede ser crítica para determinar la causa principal de una falla en órbita.
- ☑ Desarrollar un simulador de vuelo y/o un modelo de ingeniería del sistema. Un simulador robusto es una herramienta invaluable para poner a prueba procedimientos operativos complejos, validar actualizaciones de *firmware* y *software* y, realizar investigaciones detalladas de las causas principales.
- ☑ Asegurarse de que el diseño de la nave proporcione amplios datos para diagnosticar anomalías, incorporando suficientes puntos de acceso de telemetría que brinden conocimiento sobre cada unidad a bordo del vehículo y desarrollando formatos de telemetría detallados y bien organizados.

Prácticas como estas ayudan al operador satelital a comprender el riesgo inherente al perfil de la misión (el entorno espacial y los requerimientos para las operaciones), así como el diseño para mitigar esos riesgos.

Garantía de Misión de Lanzamiento

Las operaciones de lanzamiento que despliegan a los satélites se basan en una asociación entre el operador de lanzamiento y el comprador del lanzamiento, la cual implementa un proceso y una cultura orientada al éxito de la misión. Este tipo de proceso y relación, llamado "garantía de misión", es un estándar que quizás no es factible para presupuestos comerciales pequeños, pero que, si puede ser empleado por compradores a gran escala, como los gobiernos nacionales. La garantía de misión, como proceso, es una actividad técnica y de gestión continúa empleada durante todo el ciclo de vida de un sistema de lanzamiento. Para lograr el éxito, el proceso de garantía de misión debe incorporar disciplinadamente los principios de ingeniería de sistemas, gestión de riesgos, garantía de calidad y principios de gestión de programas.

Las características clave de la garantía de misión incluyen una estrategia para la adquisición del lanzamiento que incorpore un adecuado fondo para contingencias, que asegure que el proveedor del lanzamiento mantenga la fuerza laboral, las instalaciones y el intercambio de datos necesario para llevar a cabo la integración y el lanzamiento, que maneje los imprevistos y llegue a un acuerdo cuando surjan problemas. Otra característica clave es la clara rendición de cuentas, la cual requiere que una entidad sea la responsable de la comprensión mutua, el seguimiento y la garantía de que se mantenga el valor del vuelo.

La continuidad y la verificación independiente requieren de fondos disponibles que permitan mantener el grado de las capacidades técnicas independientes a fin de analizar problemas potenciales y facilitar la evaluación del valor del vuelo. Finalmente, es necesario realizar extensas evaluaciones, tanto de las que conducen a la certificación del valor de vuelo espacial como a la decisión de lanzamiento o no lanzamiento, así como evaluaciones de datos posteriores al vuelo.

LANZAMIENTO

Lanzar un objeto en órbita requiere de una gran cantidad de potencia y energía. En la actualidad, esa energía se crea utilizando reacciones químicas de gran intensidad, que tienen lugar en máquinas extremadamente complicadas, las cuales a menudo están asociadas a cargas útiles muy costosas. Se debe tener mucho cuidado para aumentar las probabilidades de un lanzamiento espacial exitoso y minimizar el riesgo que las actividades de lanzamiento espacial representan para las personas, las instalaciones en tierra y los vehículos aéreos y marítimos. La fase de lanzamiento se considera el período de tiempo más peligroso durante cualquier proyecto espacial.

Ha habido lanzamientos de satélites desde aproximadamente 30 sitios en todo el mundo. Hoy en día, la mayoría de los lanzamientos ocurren desde aproximadamente una docena de instalaciones de lanzamiento. Establecer y operar de forma segura una instalación de lanzamiento requiere de una cuidadosa consideración de las cuestiones de seguridad del lanzamiento, seguridad en tierra y cuestiones medioambientales. Los puertos espaciales generalmente están ubicados en regiones escasamente pobladas para minimizar el riesgo de que una falla en el lanzamiento pueda dañar a personas o propiedades en el área. Los puertos espaciales también suelen ubicarse cerca de océanos o desiertos, de modo que la trayectoria de ascenso de un cohete sobrevuele en regiones grandes y relativamente deshabitadas para minimizar la exposición del público a las etapas de cohetes expulsados u otros escombros que suelen caer. Una vez que se identifica un sitio para la instalación de lanzamiento, un gobierno nacional a menudo requiere que se realice una evaluación ambiental a fin de garantizar que la operación no contamine o altere el hábitat natural de la vida silvestre de una forma desmedida. Finalmente, el diseño y las operaciones de un puerto espacial deben seguir las mejores prácticas que han evolucionado en los puertos espaciales establecidos.

No hay reglas acordadas globalmente sobre cómo desarrollar u operar una instalación de lanzamiento espacial. Los puertos espaciales se desarrollan generalmente como activos nacionales y son administrados por agencias gubernamentales. Muchos Estados han realizado estudios para determinar el camino a seguir para el desarrollo comercial del puerto espacial. Otros ya han tomado medidas para incentivar y permitir la operación comercial. A la fecha, E.U.A tiene el régimen regulatorio de puertos espaciales comerciales más proactivo, al cual otros Estados a menudo hacen referencia.

Consideraciones para la Seguridad Ambiental Terrestre

El impacto ambiental terrestre de la construcción y operación de un sitio de lanzamiento puede ser significativo. La autoridad nacional pertinente posiblemente requerirá de un análisis de impacto ambiental, como se mencionó anteriormente.

Los desarrolladores de instalaciones de lanzamiento deben tener en cuenta el efecto de las actividades de lanzamiento en varios dominios ambientales, incluida la atmósfera, así como las fuentes y efectos de ruido y los ambientes superficiales.

Una preocupación ambiental es el impacto que los lanzamientos espaciales tienen en la atmósfera. El aire ambiente cerca de la superficie de la Tierra a menudo está regulado por estándares nacionales de calidad del aire para garantizar que el grado de contaminantes no alcance niveles dañinos. Debido a su efecto por demás peligroso en la calidad del aire si se liberan accidentalmente, el almacenamiento y uso de algunos combustibles de cohetes volátiles y de alta energía puede ser una enorme preocupación. Además, algunos vehículos de lanzamiento emiten gases peligrosos, incluso durante su funcionamiento normal. Otros vehículos de lanzamiento, especialmente aquellos con motores de cohetes sólidos, emiten varios tipos de partículas cuando viajan a través de las capas superiores de la atmósfera, lo cual, en el futuro, podría ser sometido a un mayor escrutinio por parte de los reguladores ambientales.

Un segundo motivo importante de preocupación ambiental es el ruido. La cantidad de ruido creado por las instalaciones de lanzamiento debe entenderse y evaluarse en el contexto del entorno de ruido natural. Los lanzamientos de cohetes tienden a generar cantidades significativas de ruido que puede alterar los hábitats de la vida silvestre. Las explosiones sónicas generadas por las actividades de lanzamiento y reentrada a lo largo de una trayectoria pueden causar daños adicionales a la vida silvestre, la propiedad y la fisiología humana.

Finalmente, las instalaciones de lanzamiento a menudo se ubican en áreas alejadas de las poblaciones humanas, pero también pueden estar en hábitats vírgenes de vida silvestre. Los entornos terrestres, marinos, de humedales y otras superficies que rodean un sitio de lanzamiento pueden tener características únicas que requieren protección. Los estudios específicos del sitio y los planes de mitigación de impacto deben estar disponibles antes de la construcción. Se debe evitar especialmente el desarrollo de una instalación de lanzamiento cerca de áreas que contengan hábitats de especies amenazadas y en peligro de extinción.

Las tensiones entre la actividad del puerto espacial, el hábitat de la vida silvestre y los intereses económicos se demostraron en las decisiones tomadas por Japón en cuanto a la cantidad de actividades de lanzamiento permitidas en el Centro Espacial de Tanegashima, en el sur de Japón. La actividad de lanzamiento se limitó inicialmente a una ventana anual de 190 días, con un límite de 17 lanzamientos totales por año a fin de atender las preocupaciones locales acerca del impacto negativo que pudieran tener las actividades de lanzamiento en su industria pesquera. Después de un estudio adicional sobre el impacto ambiental y el reconocimiento de la necesidad de realizar lanzamientos todo el año para ser comercialmente competitivo, Japón eliminó dichas restricciones en 2011. En Europa, el Reglamento de Registro, Evaluación, Autorización y Restricción de Sustancias Químicas de la Unión Europea (EU REACH) se aplica a todas las entidades de la Unión Europea, incluido el sector aeroespacial, el cual puede ser revisado por los actores que buscan realizar actividades en la zona.

Consideraciones para la Seguridad en Tierra

Una vez que se abordan las preocupaciones ambientales de la forma adecuada, es posible que la entidad reguladora nacional requiera una revisión de las políticas para garantizar que una nueva instalación de lanzamiento espacial no ponga en peligro la seguridad nacional, los intereses de política exterior o las obligaciones internacionales de la nación anfitriona.

Puede realizarse entonces una evaluación de riesgos de siniestros. Los sitios de lanzamiento deben ubicarse en áreas donde las actividades de lanzamiento no pongan en peligro la salud y la seguridad pública o la seguridad de la propiedad. Por lo tanto, el corredor de vuelo para un vehículo de lanzamiento el terreno bajo su trayectoria de lanzamiento debe estar propiamente despoblado a fin de que exista una probabilidad mínima de daños si el vehículo lanzador o las etapas superiores impactan el área. Existen modelos para calcular el riesgo al público, y algunas naciones, como Estados Unidos, establecen niveles mínimos cuantitativos de riesgo de accidentes.

Debido a la naturaleza explosiva de muchos combustibles sólidos y líquidos, otra parte clave del diseño inicial de una instalación de lanzamiento espacial es la creación de un plan de lugares para explosivos, que muestre la ubicación de todas las instalaciones de peligro de explosivos, las distancias entre ellas y las distancias hacia las zonas públicas. La manipulación segura y el control de los combustibles explosivos para los vehículos de lanzamiento es crítico. Existen normas para guiar la construcción de la infraestructura del sitio de lanzamiento a fin de evitar las causas de explosiones accidentales, como son los rayos, la electricidad estática, problemas en el sistema de suministro eléctrico y la radiación electromagnética.

Para garantizar la seguridad de las operaciones en la instalación de lanzamiento, es importante que un operador se ocupe de controlar el acceso público, programar las operaciones, las notificaciones, los registros y la investigación y respuesta a accidentes en el sitio de lanzamiento. El acceso al sitio debe ser controlado a través de guardias de seguridad, cercas y otras barreras. A las personas que ingresan al sitio se les deben enseñar los procedimientos de seguridad y la respuesta ante emergencias. Las alarmas y otras señales de advertencia son necesarias para informar a las personas en el lugar de una situación de emergencia. Si un sitio de lanzamiento tiene varios usuarios al mismo tiempo, el operador del sitio debe contar con los procedimientos para programar las operaciones de manera que las actividades de uno no creen riesgos para el otro.

Las áreas de riesgo son otra preocupación particular. La coordinación con las entidades nacionales de control de tráfico marítimo y aéreo es necesaria para limitar el acercamiento de las aeronaves y las embarcaciones a las áreas operacionales de peligro, tanto de lanzamiento como de reentrada. Cuando se llevan a cabo actividades de lanzamiento, se emiten avisos por parte de los puertos espaciales que están cerca de vías fluviales. Los avisos requieren que los buques despejen las áreas de peligro durante ventanas de tiempo específicas. De manera alternativa, los Avisos a los Aviadores (NOTAMs, por su abreviación en inglés) se emiten para las áreas que rodean una instalación de lanzamiento y por debajo de un corredor de lanzamiento, cuando los cálculos de siniestros esperados superan los umbrales previstos. Adicionalmente, cuando una instalación realiza una operación de lanzamiento, el equipo adecuado para rastrear el progreso del vehículo debe estar tanto a bordo del vehículo de lanzamiento como en tierra.

Rango de Seguridad durante las Operaciones de Lanzamiento

El lanzamiento de un satélite requiere de una importante planificación, coordinación y gestión de riesgos. Las operaciones para determinar rangos de seguridad en las instalaciones de lanzamiento han evolucionado con el tiempo en todo el mundo. Las normas que están en desarrollo por parte de la Organización Internacional de Normalización (ISO), identifican prácticas seguras que se aplican a las operaciones en el sitio de lanzamiento, los sistemas de seguridad de vuelo y otras áreas. A nivel mundial, la mayoría de los puertos espaciales son operados por gobiernos nacionales y tienen diferentes enfoques para las prácticas específicas de rangos de seguridad. Sin embargo, los principios fundamentales son comunes. Las prácticas para un rango de seguridad que se discuten en esta sección hacen referencia a las regulaciones comerciales desarrolladas e implementadas por la Administración Federal de Aviación de los Estados Unidos (FAA).

Inicialmente, un operador realiza un análisis de seguridad de vuelo en cada lanzamiento con el fin de controlar el riesgo al público a partir de los peligros originados durante un vuelo normal o, de un mal funcionamiento del vehículo de lanzamiento. Un análisis de evaluación de riesgos debe tener en cuenta la variabilidad asociada con cada fuente de peligro durante el vuelo y el modo de respuesta ante una falla del vehículo de lanzamiento, así como cada entorno externo y de vuelo. Además, debe considerar las poblaciones potencialmente expuestas al vuelo y el desempeño de cualquier sistema de seguridad (incluidos los retrasos de tiempo asociados con los sistemas).

Los resultados de una evaluación de riesgos se utilizan para crear un plan que permita aislar suficientemente el peligro y mantener el riesgo y al público dentro de los límites cuantitativos aceptables. Un resumen de los diversos análisis requeridos, como parte de una evaluación de seguridad de vuelo se identifica en la Tabla 6.

Análisis de Seguridad del Vuelo	
Trayectoria	Peligro de liberación tóxica
Puerta de sobrevuelo	Límites de seguridad de vuelo
Probabilidad de fracaso	Tiempo de retraso
Mal funcionamiento	Efectos de explosión por sobrepresión de campo lejano
Puerta de espera y reanudación	Tiempo programado
Riesgo de basura hacia tierra	Área de peligro para el vuelo
Basura orbital	Prevención de colisiones
Pérdida de datos en tiempo de vuelo y Estado planificado de vuelo	

Tabla 6 - Análisis de Seguridad del Vuelo

Criterios de Riesgos Públicos

Las entidades reguladoras nacionales como la FAA de E.U.A establecen criterios cuantitativos específicos para la exposición al riesgo al público, que deben cumplir las operaciones de lanzamiento. Estos estándares consisten en probabilidades específicas de riesgo al público a partir de escombros inertes y explosivos, liberación de tóxicos y explosión por exceso de presión en el campo lejano. Estos límites cuantitativos no se aplican a las aeronaves o embarcaciones, por consiguiente, un operador de lanzamiento debe establecer las áreas de peligro con reglas que establezcan la remoción de embarcaciones y aeronaves de la zona de peligro durante la actividad de lanzamiento.

Sistema de Cancelación de Vuelo

Para cumplir con los criterios de riesgo público, es necesario incorporar sistemas de autodestrucción en los vehículos de lanzamiento. La activación de un sistema de destrucción hace que el vehículo de lanzamiento se fracture en escombros más pequeños, queme el combustible y mantenga los efectos de presiones altas aislados del público. Los criterios de terminación se desarrollan a través de diversos análisis de seguridad y se implementan como parte del plan escrito de seguridad de vuelo. Los sistemas de terminación de vuelo son un elemento crítico del rango de seguridad. Hay algunas excepciones a esta regla, especialmente en los sistemas antiguos de cohetes que usan combustibles tóxicos, en cuyo caso es preferible que el cohete se destruya más lejos del sitio de lanzamiento, en una trayectoria que se dirija a áreas no pobladas.

Plan de Seguridad de Vuelo

Basado en las conclusiones alcanzadas durante el análisis de la seguridad, un plan escrito de seguridad de vuelo define cómo se llevará a cabo el proceso de lanzamiento y de vuelo de un vehículo de lanzamiento sin afectar negativamente a seguridad pública y cómo responder a un percance del lanzamiento. Un plan de seguridad de vuelo debe identificar al personal que aprobará e implementará cada parte del plan.

Los elementos de un plan de seguridad de vuelo incluyen reglas de seguridad, un sistema de seguridad de vuelo, datos de trayectoria y datos de dispersión de escombros. El plan también debe identificar las áreas de peligro del vuelo que se deben despejar y controlar durante el lanzamiento y, los sistemas y servicios de soporte, incluyendo cualquier aeronave o nave que utilice un operador de lanzamiento. Por último, el plan debe contar con una descripción de las pruebas, revisiones, ensayos y otras operaciones relacionadas con la seguridad del vuelo.

Un plan de seguridad en tierra describe la implementación de los controles de peligros identificados por el análisis de seguridad en tierra de un operador de lanzamiento, que aborda todas las cuestiones relacionadas con la seguridad pública. El plan debe incluir al menos una descripción del vehículo de lanzamiento y la carga útil (o clase de carga útil), e identificar cada peligro, incluidos los explosivos, combustibles, tóxicos y otros materiales peligrosos, fuentes de radiación y sistemas presurizados. De igual forma, el plan también debe incluir imágenes que muestren la ubicación de cada fuente de peligro en el vehículo de lanzamiento e indiquen en que lugar del sitio de lanzamiento, un operador realizará maniobras peligrosas durante el proceso del lanzamiento.

Se necesita una variedad de planes individuales como parte de un plan general de seguridad de vuelo, que incluyen:

- Plan de instrumentación y equipo de apoyo al lanzamiento
- Acuerdos locales y planes de coordinación pública
- Plan de gestión de frecuencias
- Plan de vigilancia y despeje del área de peligro
- Plan de programa de piezas electrónicas para terminación de vuelo
- Plan de comunicaciones
- Plan de investigación de accidentes
- Plan de cuenta regresiva

Operaciones Críticas de Seguridad Previas al Vuelo

Un operador debe realizar acciones críticas de seguridad previas al vuelo, que protejan al público de los efectos adversos asociados con el proceso de lanzamiento y de vuelo de un vehículo. Por ejemplo, el plan de cuenta regresiva de lanzamiento debe ser distribuido a todo el personal responsable de llevar a cabo esta maniobra. Cualquier región cercana a tierra, mar o aire necesaria para el lanzamiento debe ser evaluada y monitoreada a fin de asegurar que el número y ubicación del público cumplan con los estándares de seguridad establecidos. El operador debe monitorear el clima para identificar las condiciones meteorológicas que podrían amenazar el desempeño seguro del lanzamiento, como la presencia de rayos. Para garantizar la exactitud, se deben verificar los datos del sistema de rastreo del vehículo de lanzamiento.

Si el vehículo de lanzamiento sale de los límites de vuelo, se debe asegurar la agilidad de los sistemas de seguridad, si es que se requiere la destrucción intencional del vehículo de lanzamiento. Deben estar disponibles al menos dos fuentes de seguimiento antes del despegue y no menos de una fuente de rastreo, verificada en todo momento desde el despegue hasta la inserción en órbita para un lanzamiento orbital o bien, hasta el final del vuelo propulsado para un lanzamiento suborbital.

ACTIVIDADES EN ÓRBITA

Cada día, más de 1,500 satélites operativos orbitan alrededor de la Tierra, realizando una variedad de misiones críticas para la economía y la seguridad mundial. La operación remota de estas naves espaciales requiere de la evaluación de una variedad de riesgos para garantizar la seguridad de la misión y del vuelo, entre los cuales se encuentra evitar a otros satélites activos y los cientos de miles de desechos espaciales que también orbitan la Tierra. Las siguientes secciones proporcionan una discusión más detallada sobre los principales problemas que deben enfrentar los operadores satelitales para garantizar el bienestar de sus satélites y evitar colisiones o incidentes que podrían socavar la sostenibilidad a largo plazo del entorno espacial.

Determinación y Rastreo de Órbitas Satelitales

El primer paso es que los operadores satelitales puedan saber dónde se encuentra su propio satélite en órbita y conocer la ubicación de otros objetos que pueden representar un riesgo de colisión. A diferencia de nuestra capacidad para encontrar nuestra posición en la Tierra, utilizando un sistema de posicionamiento global (GPS, por su abreviación en inglés), la mayoría de los satélites en la órbita actualmente no utilizan o no pueden utilizar un GPS y tampoco ninguno de los cientos de miles de piezas de escombros. Es así como la gran mayoría de los objetos espaciales se deben observar utilizando sistemas que no dependen de la "cooperación" del objeto que se está rastreando para determinar su órbita. Tradicionalmente, esto se conoce como vigilancia espacial o más recientemente como, reconocimiento de la situación espacial (SSA).

Los operadores de satélites deben determinar cómo obtendrán información de la trayectoria orbital en sus satélites y de otros objetos espaciales. La determinación de la órbita satelital (OD, por su abreviación en inglés) es el proceso mediante el cual los operadores o terceros pueden obtener conocimiento de la trayectoria del satélite, generalmente en relación con el centro de masa terrestre. La teoría básica implica determinar la posición y la velocidad de un satélite su Estado, en un momento específico en el pasado y luego, utilizar un conjunto de ecuaciones diferenciales que modelan los cambios en su posición y velocidad a lo largo del tiempo para predecir dónde estará en el futuro. En términos aeroespaciales, esto es "generar una efeméride", que es un conjunto de puntos en el espacio que definen la trayectoria futura de un satélite. Un desafío importante al realizar una OD precisa es el desarrollo de ecuaciones exactas y específicas del movimiento, que incluyan las diversas fuerzas naturales o perturbaciones que actúan en el satélite, como las irregularidades en la gravedad de la Tierra, la resistencia atmosférica y la atracción gravitacional del Sol y la Luna.

La OD comienza con datos sobre la posición y la velocidad de un satélite, conocidas como observaciones. Una sola observación mide la posición de un satélite y, quizás también la velocidad, en un momento específico en el tiempo y en relación con la ubicación de un sensor específico. Las observaciones múltiples tomadas durante un período de tiempo único se llaman trayectoria. Las observaciones de un sensor pueden utilizarse por sí mismas o combinadas con datos de otros sensores que observan el objeto espacial en otros puntos de su órbita.

Los diferentes tipos de medición cuentan con diferentes características, lo que conduce a diferentes niveles de confianza en los elementos del Estado del satélite estimados a partir de estas mediciones. Tradicionalmente, la principal fuente de datos es recopilada por radares terrestres y telescopios terrestres y espaciales. Los telescopios también pueden usar técnicas de rayo láser satelital (SLR, por su abreviación en inglés) para iluminar directamente los satélites, utilizando una fuente de láser en lugar de depender de la iluminación del sol. Las observaciones de radar pueden proporcionar información sobre la velocidad y, por lo general, tienen un excelente seguimiento angular, aunque pueden sufrir de estimaciones de tasas de rango deficientes. El SLR puede derivar en excelentes estimaciones de rango y tasa de rango mientras que se tenga estimaciones pobres de velocidades angulares.

No importa el tipo de sensor, es importante comprender la precisión y la exactitud de los datos de seguimiento que proporciona. A menudo, los sensores se encargan de rastrear periódicamente esferas de calibración u otros objetos espaciales cuya órbita es bien conocida, con el fin de determinar su precisión. Si las mediciones de un sensor son sistemáticamente incorrectas, se puede introducir un sesgo deliberado para corregir algunos o todos los errores. El desempeño histórico de los sensores puede ser analizado para determinar su exactitud y precisión a lo largo del tiempo, que a su vez puede utilizarse como un factor de ponderación para valorar sus datos en relación con otros sensores.

El seguimiento preciso de un objeto espacial requiere de la recopilación de observaciones de diferentes partes de su órbita. Eso significa que se requiere una red global de sensores, que puede ser terrestre o espacial. Operar y mantener una red de este tipo ha sido históricamente costoso y, como resultado, el rastreo de satélites y desechos espaciales ha sido principalmente una función gubernamental. A la fecha, el gobierno de los E.U.A. ha sido la principal fuente de este tipo de información al público, a través del Centro de Operaciones Espaciales Conjuntas (JSpOC, por sus siglas en inglés) del ejército de los E.U.A, aunque hay cada vez más fuentes de información de rastreo (tanto gubernamentales como no gubernamentales) disponibles para los operadores de satélites.

Propagación de las Órbitas

El saber dónde está un objeto es solo parte del problema, ya que también es necesario saber dónde estará un objeto en el futuro para evaluar el riesgo de colisión. Eso significa comprender las diversas fuerzas que actúan sobre un objeto orbital: la gravedad de la Tierra, los efectos gravitacionales solares y lunares, la presión de la radiación solar y el arrastre atmosférico, el último de los cuales presenta un desafío importante para los objetos LEO. Gran parte de la investigación científica se ha dedicado al desarrollo de modelos matemáticos para estimar efectos y otras fuerzas naturales, conocidas como perturbaciones, que afectan las trayectorias de los satélites con el tiempo. Pero una fuerza puede ser extremadamente difícil de modelar: el empuje utilizado para maniobrar una nave espacial. Las naves más activas tienen que maniobrar periódicamente para mantener la órbita necesaria para cumplir su misión. Una maniobra que se realice durante el período de una predicción futura, como la probabilidad de que el satélite colisione con otro objeto, invalidará el análisis. Por lo tanto, el modelado preciso y las predicciones deben tener en cuenta tanto los modelos de perturbaciones naturales como las maniobras planificadas.

La buena noticia es que el operador de satélites debe conocer bien esta información para poder cumplir su misión. Compartir la información con otros operadores puede proporcionar actualizaciones más oportunas y evitar confusiones como resultado de no conocer las intenciones de un operador. El desafío es que cada operador normalmente utiliza sus propios sistemas de coordenadas (y, a veces, sistemas de tiempo diferentes), lo que significa que todos tienen que normalizarse, o ponerse en un sistema de referencia común, para ser útiles. Este proceso requiere una comprensión completa de las definiciones de unidades, coordenadas y tiempos, y una forma de validar esa información, ya que muchos sistemas de satélites no fueron diseñados para interactuar con los de otros operadores, solo para ser consistentes internamente.

Los resultados también deben compartirse de manera estándar para garantizar que cada operador sepa cómo entender y aplicar los datos normalizados. Y ese intercambio debe hacerse de manera regular para asegurar un entendimiento común de cómo aplicar los datos y evitar la posibilidad de una mala interpretación en medio de responder a un evento grave.

Dos Técnicas para Combinar las Observaciones en un Estado

Se utilizan dos técnicas principales para combinar múltiples observaciones en un solo Estado para un satélite. La técnica tradicional se conoce como el procesador continuo o repetitivo (*batch processor*) y se basa en el método bien conocido de la técnica matemática de mínimos cuadrados, que selecciona la solución final que minimiza la distancia entre todas las ubicaciones observadas de un objeto espacial y la trayectoria proyectada.

Si bien la versión más simple de la tarea programada de la técnica de mínimos cuadrados es relativamente sencilla y fácil de calcular, tiene tres deficiencias principales. La primera es que cada error de observación se valora por igual, aunque la precisión de las observaciones puede diferir mucho. Una observación inexacta de un sensor recibe tanto peso en la estimación final como una observación muy precisa de un sensor diferente. El segundo problema principal es que las observaciones pueden estar correlacionadas entre sí, y el uso de observaciones correlacionadas en una solución simple de mínimos cuadrados viola uno de sus supuestos matemáticos subyacentes. En tercer lugar, la tarea programada de método de mínimos cuadrados no considera que los errores son muestras de un proceso aleatorio y no intenta utilizar ninguna información estadística.

Para superar estas limitaciones, se implementa un método para determinar una solución de mínimos cuadrados ponderados y la varianza mínima. La solución de mínimos cuadrados ponderados selecciona una estimación x como el valor que minimiza la suma ponderada de los cuadrados de los errores de observación calculados. Este algoritmo para determinar una estimación de Estado se conoce como el "procesador continuo o repetitivo". El nombre deriva del hecho de que todos los datos generalmente se acumulan de antemano y se procesan en un solo paquete para determinar la solución. La formulación del paquete proporciona una estimación del Estado en alguna época o período de tiempo elegidos utilizando un paquete completo de datos. Esta estimación y su matriz de covarianza asociada se pueden mapear a otros tiempos.

Una segunda y más moderna técnica para combinar múltiples observaciones en una estimación de un solo Estado es el algoritmo de estimación secuencial. En la estimación secuencial, las observaciones se procesan tan pronto como se reciben. El algoritmo de estimación secuencial a menudo se conoce como el filtro de Kalman y utiliza nuevas observaciones para corregir continuamente su estimación del Estado futuro. El algoritmo de estimación secuencial toma un Estado estimado y una matriz de covarianza para ese Estado y los propaga hacia adelante en el tiempo. Se usan nuevas observaciones del Estado futuro para corregir recursivamente el Estado original. El procesador secuencial proporciona una estimación del Estado en cada tiempo de observación basado en observaciones hasta ese momento. La solución y la matriz de covarianza también se pueden asignar a otros tiempos.

Ambas técnicas pueden tergiversar el error real en el Estado pronosticado. Con el algoritmo de estimación secuencial, la matriz de covarianza del error de estimación de Estado puede aproximarse a cero a medida que aumenta el número de observaciones. La magnitud de los elementos de la matriz de covarianza disminuirá según la densidad, el contenido de la información y la precisión de las observaciones. Se puede observar un efecto similar con el procesador continuo de paquetes, donde la matriz de covarianza del error de estimación del Estado generalmente subestima el error real en el Estado pronosticado.

Procedimientos y Estándares de Evaluación de Concurrencias

Para un operador de satélites, una de las herramientas clave para reducir riesgos en órbita es realizar una evaluación de concurrencias (CA, por su abreviación en inglés), es decir, determinar qué objetos podrían tener la posibilidad de acercarse y posiblemente chocar con su nave espacial. Conceptualmente, la tarea de la CA es sencilla. El operador simplemente necesita saber dónde están los objetos que podrían presentar un riesgo de colisión y predecir dónde estarán durante un período lo suficientemente lejano en el futuro para permitir un curso de acción eficaz, si se considera que una aproximación cercana no es segura. Con esa información, el proceso de detección de cada uno de los satélites del operador se puede realizar rápidamente utilizando técnicas analíticas conocidas. El desafío viene cuando se enfrentan las limitaciones actuales para realizar una CA efectiva e identificar áreas de mejorar.

Normalmente, la CA se realiza para un par de trayectorias, cada una de las cuales representa la ubicación de un objeto espacial en el tiempo, donde la distancia de separación relativa entre dos objetos se calcula a lo largo de un intervalo de tiempo de predicción determinado. Las trayectorias se pueden generar utilizando datos de un catálogo de alta precisión de algún proveedor de datos o, utilizando datos de posición generados por el propio vehículo espacial. Un evento de concurrencia o conjunción es donde la separación relativa alcanza un mínimo local, comúnmente conocido como el "punto de aproximación más cercano".

La gestión del riesgo de colisión operacional comienza con la generación de predicciones de aproximación cercanas y termina con una decisión de acción/no acción de los interesados en la misión. El proceso paso a paso consiste en:

- Examinar un conjunto definido de objetos espaciales contra otro conjunto de objetos a fin de identificar aproximaciones cercanas, denominados eventos de concurrencia o conjunción;
- Informar sobre todos los eventos de conjunción que se prevé violarán un umbral de distancia de separación específico durante un período de tiempo futuro;
- Evaluar y cuantificar la amenaza de colisión para cada evento de conjunción que se identifica; y
- Desarrollar y ejecutar maniobras para evitar colisiones derivadas de eventos de conjunción, que excedan el umbral de riesgo del operador.

Las colisiones potenciales pueden ser identificadas por operadores de naves espaciales individuales, organizaciones de apoyo operacional como *Aerospace Corporation* o la Asociación de Datos Espaciales (SDA, por su abreviación en inglés) y, organizaciones gubernamentales como el Comando Estratégico de los Estados Unidos (USSTRATCOM, por su abreviación en inglés) o agencias espaciales nacionales. Para ser de mayor utilidad a los operadores de satélites, la entidad que realiza el análisis de conjunción debe tener datos de trayectoria precisos de ambos satélites activos, incluidas las maniobras planificadas dentro del tiempo de predicción y, de otros objetos espaciales.

Evaluación Operacional de Concurrencias

El proceso de evaluaciones de concurrencias ocurre a lo largo de toda la vida útil del satélite, desde antes del lanzamiento hasta las operaciones de término de vida útil. Las fases para la evaluación de concurrencias incluyen al lanzamiento, la órbita temprana, las operaciones en órbita, la evasión de colisiones y la desorbitación o eliminación. La evaluación de concurrencias del lanzamiento es el proceso donde se predicen y reportan los acercamientos mas peligrosos entre el vehículo de lanzamiento y los objetos orbitando. Esto se realiza al evaluar las trayectorias planeadas de lanzamiento contra todos los objetos en el catálogo espacial. El proveedor de lanzamiento normalmente genera las trayectorias, que pueden incluir múltiples iteraciones correspondientes a diferentes tiempos de lanzamiento dentro de la ventana de oportunidad de lanzamiento.

El proceso de selección del lanzamiento compara la trayectoria del vehículo de lanzamiento (entregado como datos de efemérides) con un catálogo de objetos espaciales. El proceso de selección de la trayectoria preliminar puede comenzar semanas o días antes de la fecha de lanzamiento, dependiendo de los requisitos del proveedor de lanzamiento o del rango de lanzamiento. Detecciones de trayectorias posteriores se realizan en intervalos predeterminados, como en T-4, 3 y 2 días antes del lanzamiento, y, finalmente, el día del lanzamiento, a fin de producir una evaluación más precisa y oportuna.

Se proporcionan resultados de proyecciones para volúmenes de detección predeterminados que dependen de la misión del satélite. Por ejemplo, una misión robótica con carga útil activa puede usar una distancia de protección de 25 kilómetros. Esto significa que se notificará al operador de lanzamiento de cualquier acercamiento predicho con distancias menores a la mencionada anteriormente.

Diversas entidades proporcionan servicios de evaluación de concurrencias del lanzamiento. El ejército de los E.U.A. realiza la evaluación para todos los lanzamientos que se realizan desde las áreas de lanzamiento del este y el oeste de la Fuerza Aérea de los E.U.A., así como para cualquier otro proveedor de lanzamiento global que solicite el servicio. Otros proveedores de datos, como *Aerospace Corporation*, también proporcionan evaluaciones conjuntas de lanzamiento y muchas agencias de lanzamiento en todo el mundo, que realizan evaluaciones internas independientes utilizando datos disponibles públicamente.

Existe un debate en curso sobre la utilidad de la evaluación de la concurrencia previa al lanzamiento. En muchos casos, existe una cantidad significativa de incertidumbre en la órbita de inserción prevista y las trayectorias previstas de los satélites existentes. Como resultado, las evaluaciones de conjunción de lanzamientos pueden producir un alto grado de falsos positivos y pueden provocar innecesariamente retrasos o anulaciones del lanzamiento. Algunos operadores de lanzamientos han concluido que solo vale la pena realizar evaluaciones de conjunción de lanzamientos si se trata de la Estación Espacial Internacional, mientras que otros lo hacen para un número mucho mayor de satélites y basura espacial. Sin embargo, un beneficio importante de la realización de estas evaluaciones es que un operador satelital descubrirá qué otros objetos están "en el vecindario" y, por lo tanto, con qué otros operadores necesitarán establecer relaciones de trabajo. En algunos casos, los operadores satelitales deciden modificar la órbita operacional planificada para su satélite, con base en una evaluación que demuestra que se dirige a una región de alto tráfico. En el caso del

TanSat de China, se tomó la decisión de no lanzarlo en la constelación "*A-Train*" de satélites de observación de la Tierra, debido a los complicados requerimientos y procedimientos para todos los participantes de la constelación.

La evaluación de concurrencias en órbita temprana abarca desde la fase de separación de la nave espacial del vehículo de lanzamiento hasta llegar a su órbita final. Esta fase puede durar días o meses según el plan de maniobra y los métodos, y presenta desafíos únicos al proceso de evaluación de concurrencias. Primero, los datos de observación limitados en los primeros días después del lanzamiento pueden retrasar la capacidad de generar una predicción precisa de la trayectoria futura del objeto recién lanzado. Además, las constantes maniobras de la nave hacen que sea difícil mantener un seguimiento constante y actualizar las mediciones de la órbita. En consecuencia, las evaluaciones de la órbita temprana precisas y oportunas a menudo requieren del uso de datos proporcionados por el operador para los exámenes de detección basados en efemérides.

La evaluación de concurrencias en órbita temprana generalmente incluye que el operador proporcione el plan de maniobra en órbita temprana a un proveedor de datos, además de un cronograma de maniobras planificadas y los volúmenes de detección requeridos. A medida que avanza la fase de órbita temprana, el operador proporciona efemérides al proveedor de datos para la proyección de maniobra previa y posterior, contra el catálogo espacial. Este intercambio de información permite al operador evitar colisiones, si es el caso y, ayuda al proveedor de datos a mantener datos posicionales precisos para la maniobra del satélite. El JSpOC proporciona este servicio a todos los operadores satelitales que envían sus efemérides. Algunas agencias espaciales también proporcionan el servicio para cargas útiles de sus gobiernos. Diversas entidades privadas, incluidas entidades académicas y comerciales, han comenzado a ofrecer datos y servicios de SSA.

Sin embargo, como es el caso con las evaluaciones de concurrencias de lanzamientos, las conjunciones de órbita temprana pueden ser de antemano difíciles de predecir. Una situación de la vida real en la que la evaluación de la conjunción en órbita temprana generó desafíos fue en el satélite Sentinel 1-A de Europa. Sentinel 1-A se lanzó el 3 de abril de 2014 y, en su primer día en órbita, se predijo que tendría una aproximación muy cercana con un satélite Estadounidense "muerto" que no había aparecido durante la proyección de lanzamiento. La planificación y la realización de la maniobra resultaron ser un gran desafío, ya que Sentinel 1-A todavía estaba en el proceso de realizar un conjunto de maniobras para desplegar sus paneles solares y antenas. En último momento, la maniobra se realizó sin problemas y se evitó una situación potencialmente desastrosa.

La evaluación de conjunciones en órbita se utiliza principalmente para garantizar la seguridad de los vuelos espaciales. El proceso filtra todos los satélites activos contra todos los demás objetos espaciales catalogados. Los resultados proporcionan a los operadores de satélites predicciones de futuros eventos de aproximación cercana. La información de predicción de aproximación cercana permite a los operadores de satélites tomar medidas para mitigar el riesgo de colisión. La métrica principal para hacerlo debe ser la probabilidad de colisión (PC).

Los resultados del análisis de aproximación cercana se realizan para los tiempos de predicción que dependen del régimen orbital del satélite. El tiempo de predicción para satélites GEO suele ser más largo que el de todos los demás regímenes, en gran parte porque las órbitas GEO son más predecibles durante largos períodos. El volumen de detección también varía a través de los diferentes regímenes orbitales y, a menudo, incluye un mayor volumen de monitoreo y un menor volumen de reportes de alto interés. La Tabla 7 proporciona un ejemplo de

Ejemplos de Volúmenes de Detección de CA					
Régimen Orbital	Régimen Orbital Criterio/Definición	Predicción / Propagación / Tiempo	Falla Radial (km)	Error de rastreo (km)	Error de rastreo cruzado (km)
GEO	1300min < Periodo < 1800 min Excentricidad < 0.25 & Inclinación < 350	10 days	12	364	30
HEO 1	Perigeo < 2000 km & Excentricidad > 0.25	10 days	40	77	107
MEO	600 min < Periodo < 800 min Excentricidad < 0.25	10 days	2.2	17	21
LEO 4	1200 km < Perigeo < 2000 km Excentricidad < 0.25	7 days	0.5	2	2
LEO 3	750 km < Perigeo < 1200 km Excentricidad < 0.25	7 days	0.5	12	10
LEO 2	500 km < Perigeo < 750 km Excentricidad < 0.25	7 days	0.5	28	29
LEO 1	Perigeo < 500 km Excentricidad < 0.25	7 days	2	44	51

Tabla 7 - Ejemplos de Volúmenes de Detección de CA (Close Approach)

cómo se pueden definir los diferentes regímenes orbitales y cómo se les pueden asignar las duraciones y los volúmenes de detección específicos en función de su nivel de riesgo.

El operador satelital, el proveedor de datos o el proveedor de servicios pueden realizar evaluaciones de conjunción basadas en programas dictados por misiones específicas que utilizan cualquier variación de trayectorias, como se describió anteriormente. Actualmente, JSpOC es el principal proveedor de datos para los operadores espaciales globales, el cual realiza evaluaciones del catálogo y efemérides utilizando su Catálogo de Alta Precisión (HAC, por sus siglas en inglés). El JSpOC proporciona proyecciones de catálogo como mínimo una vez al día para todos los objetos activos y, resultados adicionales basados en efemérides cuando los operadores de satélites proporcionan información del Estado a partir de archivos de efemérides. El último proceso de selección es útil cuando los operadores de satélites desean analizar las trayectorias para las maniobras planificadas. Los proveedores de servicios, como la Asociación de Datos Espaciales, se especializan en evaluaciones de efemérides contra efemérides, un servicio complementario para los operadores de satélites que eligen unirse a la organización.

Los informes de evaluación de conjunciones pueden emitirse e intercambiarse de varias maneras, aunque la norma prevaleciente es el Mensaje de Datos de Conjunciones (MDL, por su abreviatura en inglés) que ha sido definido por el Comité Consultivo para Sistemas de Datos del Espacio (CCSDS, por sus siglas en inglés), un organismo internacional de agencias espaciales. Aunque el JSpOC es actualmente el principal proveedor de datos para la seguridad de los vuelos espaciales, no ofrece un análisis avanzado ni recomendaciones de mitigación de riesgos. Más bien, la organización proporciona la cantidad máxima de datos que se pueden liberar para permitir a los operadores diseñar y ejecutar sus propias estrategias de mitigación de riesgos. Otras entidades gubernamentales y no gubernamentales como la NASA, el Centro Nacional Francés de Estudios Espaciales (CNES, por sus siglas en francés) y la SDA, pueden proporcionar análisis avanzados o recomendaciones a sus operadores satelitales.

Evaluación de Riesgos y Evasión de Colisiones
No todos los satélites poseen capacidad de maniobra en órbita, pero para colisiones potenciales que involucren al menos un satélite con capacidad de maniobra, se deben tomar decisiones sobre si realizar maniobras para reducir el riesgo de una colisión. Las decisiones implican calcular el riesgo de colisión y los costos

potenciales de una maniobra (como uso de combustible o interrupción de las operaciones). El cálculo del riesgo de colisión requiere no solo el conocimiento de dónde estarán los dos objetos, sino también la cantidad de incertidumbre asociada con ese conocimiento. La ubicación y la incertidumbre dan la probabilidad de colisión, que debe combinarse en el futuro con las consecuencias de un escenario de colisión particular.

Desafortunadamente, solo el cálculo de la probabilidad de una colisión es difícil. La mayoría de los datos actualmente disponibles públicamente sobre desechos espaciales y otros satélites, incluido el proporcionado por el JSpOC, no incluyen información sobre la incertidumbre de los datos, por razones de seguridad nacional. Aunque el JSpOC ha comenzado recientemente a incluir datos de incertidumbre en los mensajes de resumen de conjunción (CSM) que envía a los operadores de satélites, puede ser engañoso debido a las limitaciones resultantes de las decisiones tomadas al diseñar la Red de Vigilancia Espacial (SSN). Cuando se construyó el SSN, el almacenamiento de datos y el ancho de banda eran escasos, por lo que no era práctico enviar todas las observaciones recopiladas durante un pase de satélite por un radar de matriz de fase para su procesamiento. En su lugar, los datos fueron (y aún son) sub-muestreados para extraer un conjunto mínimo de datos, eliminando gran parte de la incertidumbre asociada en las mediciones. Como resultado, la incertidumbre asociada con esa estimación orbital puede interpretarse incorrectamente con una mayor precisión de lo que realmente es. El problema se agrava aún más cuando se rastrean los satélites de maniobra, ya que no reconocer que se ha producido una maniobra puede crear una mala predicción orbital, incertidumbre inflada, o ambas cosas. Se pueden ver resultados similares al intentar

Desde una perspectiva práctica, corresponde a cada operador hacer su mejor esfuerzo para rastrear sus propios satélites, calibrar regularmente sus resultados contra otras fuentes de datos (particularmente para evitar fallos no planificados en el sistema), y estar dispuesto a compartir esos datos con otros operadores de una forma oportuna como les sea posible.

procesar observaciones para satélites GEO que operan en grupos cuando las observaciones están asociadas de manera incorrecta con los satélites individuales.

Desde una perspectiva práctica, corresponde a cada operador hacer su mejor esfuerzo para rastrear sus propios satélites, calibrar regularmente sus resultados contra otras fuentes de datos (particularmente para evitar fallos no planificados en el sistema), y estar dispuesto a compartir esos datos con otros operadores de una forma oportuna como les sea posible. La trayectoria prevista debe incluir perturbaciones naturales y maniobras orbitales previamente planificadas, y deben proporcionarse nuevas estimaciones orbitales tan pronto como sea posible después de realizar una maniobra o incorporar o cancelar una maniobra planificada. Dichos datos deben proporcionarse en forma de efemérides lo suficientemente lejos en el futuro para permitir el intercambio y el análisis de los datos en apoyo de la toma de decisiones, es decir, lo suficientemente temprano para planificar y realizar una maniobra de evasión, si se considera necesario.

Ante la información de incertidumbre faltante, incompleta o potencialmente engañosa, es imperativo que se comparen varias fuentes de datos orbitales para evaluar una incertidumbre más realista de las órbitas relevantes. Este proceso debe aplicarse a cada caso; no asumir que sea lo mismo de caso a caso.

Aunque es imposible evitar todas las colisiones, estos pasos pueden mitigar la probabilidad de una colisión grave que puede inhabilitar por completo la aparición de un satélite y, por lo tanto, crear la siguiente gran pieza de escombros o generar aún más escombros pequeños que pongan en peligro todo el entorno orbital cercano a la Tierra. La colaboración y el intercambio, entre operadores satelitales y entre operadores y servicios de rastreo, son claves para el éxito.

Meteorología Espacial

Además de las posibles colisiones con otros objetos espaciales, el entorno espacial en sí también puede representar un peligro para los satélites. "Meteorología espacial" es el término para el conjunto de procesos y efectos físicos y electromagnéticos que se producen en el Sol y, en última instancia, interactúan con la esfera magnética, la atmósfera y la superficie de la Tierra. Estos fenómenos, que incluyen erupciones solares, viento solar, tormentas geomagnéticas y eyecciones de masa coronal, pueden tener efectos adversos en las actividades en órbita y en la superficie de la Tierra.

El Sol está emitiendo constantemente partículas con carga eléctrica, que fluyen hacia el exterior a través del sistema solar en un fenómeno conocido como viento solar. El Sol también emite radiación electromagnética a través de una variedad de longitudes de onda, incluyendo radio, infrarrojo, luz visible, ultravioleta y rayos X. Los cambios en la intensidad de estas emisiones resultan en la variedad de efectos conocidos como eventos de meteorología espacial, que incluyen:

- Las manchas solares, que pueden conducir a un aumento de la emisión de viento solar. Se produce una tormenta geomagnética, que en casos leves conduce a las auroras boreales y australes, y en casos más severos puede sobrecargar los sistemas eléctricos.
- Las eyecciones de masa coronal, que se correlacionan con un mayor número de partículas cargadas eléctricamente que se expulsan en el viento solar, y que tienen efectos similares a los de las manchas solares.
- Agujeros coronales, que también causan un aumento de la actividad del viento solar.
- Llamaradas solares, que resultan en explosiones de radiación de alta concentración.

Fuera de las auroras, los efectos de la meteorología espacial generalmente no son visibles a simple vista. En su mayor parte, el campo magnético natural de la Tierra protege en general al planeta del entorno solar y de la radiación. Sin embargo, cuando ocurren eventos de meteorología espacial, pueden tener impactos perjudiciales en las operaciones de naves espaciales que los operadores deben tener en cuenta. Éstos incluyen:

- Niveles más altos de lo normal de partículas cargadas, que podrían degradar los componentes y equipos de satélites;
- Interferencia con señales eléctricas, incluidas las de los satélites de comunicaciones de alta frecuencia y ultra alta frecuencia y los sistemas de navegación global por satélite (GNSS);
- Interferencia con el radar y/o los sistemas de rastreo espacial que miran en dirección hacia el Sol o hacia el polo;
- Mayor arrastre para satélites que operan en órbita baja terrestre; y
- El potencial de una mayor exposición a la radiación para los seres humanos en órbita.

Los eventos climáticos fuertes también pueden afectar a los sistemas vulnerables en la superficie de la Tierra, incluidas las redes eléctricas y los sistemas de aviación.

La meteorología espacial está típicamente correlacionada con un ciclo máximo y mínimo de 11 años de energía solar, aunque pueden ocurrir eventos notables en cualquier punto del ciclo. Los organismos gubernamentales, incluido el Centro de Predicción de la Meteorología Espacial de la Administración Nacional Oceánica y Atmosférica (NOAA SWPC) y la Fuerza Aérea de los EE. UU., Brindan servicios de pronóstico de meteorología espacial, que incluyen vigilancia, advertencias y alertas. Según el tipo de evento de meteorología espacial, las advertencias, los avisos y las alertas pueden emitirse con entre 10 minutos y 72 horas de anticipación. Los eventos de meteorología espacial se clasifican según una escala publicada para describir su gravedad esperada. Los operadores y otras partes interesadas pueden suscribirse al servicio de pronóstico a través del Centro de Predicción de la Meteorología Espacial de NOAA.

Anomalías Satelitales - Identificación, Respuesta y Recuperación

Las anomalías en las operaciones de las naves espaciales vienen en muchas formas y son el resultado de una variedad de causas, pero generalmente se describen como un comportamiento fuera de lo normal de una unidad individual, un subsistema o el sistema en su conjunto. Las causas exactas de las anomalías pueden provenir de una amplia gama de fuentes, como el entorno espacial (por ejemplo, partículas de alta energía de eyecciones de masa coronal, golpes por micro-meteoritos, cargas de vehículos espaciales), diseño (por ejemplo, fuga causada por un aislamiento térmico insuficiente, casos de división entre cero con el software de vuelo), piezas defectuosas o técnicas de fabricación (por ejemplo, escombros en las pistas de rodamiento, falla del conmutador), e incluso errores humanos o de procedimiento durante las operaciones (por ejemplo, secuencia incorrecta de pasos para el encendido de la unidad, transmisión accidental de comandos no deseados, interferencia no intencional de radiofrecuencia en tierra o en el espacio).

En un extremo del espectro, una anomalía puede ser benigna, en la medida en que pasa desapercibida durante días, semanas, meses o incluso años. En el otro extremo, una anomalía puede terminar una misión. Prepararse de forma adecuada y exhaustiva para responder a las anomalías y aprender de ellas puede marcar la diferencia entre superar las expectativas de vida de una misión y experimentar un evento potencialmente evitable de fin de la misión.

Identificación de Anomalías

Se pueden llevar a cabo diversos pasos para mejorar la capacidad de un operador a fin de detectar rápidamente anomalías durante las operaciones de la nave espacial. El elemento más importante es contar con una telemetría útil y precisa. Todos los puntos de acceso de telemetría necesitan una definición clara de los Estados nominales y no nominales o los rangos operativos. La definición de los rangos operativos generalmente toma varias iteraciones: la primera es el rango predicho por los diseñadores de unidades, la segunda se basa en la prueba de unidad y los datos de integración, y la tercera se basa en los datos iniciales de caracterización en órbita.

Ya que la información sobre el funcionamiento interno de un sistema solamente es tan buena como sus datos disponibles, no se debe pasar por alto la composición del formato de telemetría. No todos los parámetros deben ser telemetrados al mismo ritmo. Por ejemplo, las firmas de falla de energía tienen duraciones muy cortas (milisegundos), mientras que las firmas térmicas generalmente tardan en manifestarse (de segundos a decenas de segundos, si no más). Por lo tanto, los datos relacionados con la energía se deben telemetrar de forma más frecuente que el termistor.

Los componentes del software son inherentemente susceptibles a los efectos de un solo evento (SEEs - *single-event effects*) causados por partículas energéticas en el entorno espacial. Existe una amplia literatura disponible sobre los SEE y los métodos para diseñar y responder a ellos. Como punto de partida, la integración de una capacidad de detección y corrección de errores (EDAC - *error detection and correction*), ayudará a reducir el impacto de las alteraciones de evento único (SEU- *single-event upsets*), que es un tipo de SEE, pero no eliminará completamente el riesgo de que las SEU afecten el rendimiento del sistema. El establecimiento de un mecanismo para monitorear y corregir rutinariamente el Estado general de los datos en la memoria integrada puede ayudar a detectar y corregir problemas antes de que se manifiesten. Además, la medición remota del Estado de las acciones correctivas autónomas (cantidad, fecha/hora, ubicación en la memoria) puede proporcionar una gran perspectiva del entorno espacial encontrado, así como del Estado de la unidad de memoria. Por ejemplo, los intentos repetidos de corregir la misma dirección de memoria pueden proporcionar una indicación de error o de un bit atascado.

Respuesta ante Anomalías

Antes del lanzamiento, los procedimientos operativos deben redactarse, probarse y capacitarse para que los operadores estén preparados adecuadamente con el propósito de que no solo realicen las operaciones diarias, sino también para responder a fallas en órbita. Al desarrollar procedimientos operativos para la respuesta a anomalías, es útil definir puntos de decisión estratégicos en todos los pasos; considerar qué pasos están autorizados a ejecutar por los operadores sin autoridad de supervisión y qué pasos requieren la dirección de las partes interesadas (empresa/gobierno/cliente). Al definir los puntos de decisión, también se debe considerar qué información es necesaria para elegir el camino a seguir y articular claramente esta información en términos objetivos. Además, la madurez en el diseño de procedimientos puede ser útil, al igual que los Estados de entrada/salida esperados y la duración prevista para la ejecución de cada módulo.

Para los sistemas LEO, si se requiere una intervención manual para responder a una condición anómala, debe tener lugar durante uno de los breves periodos a la vista; por lo tanto, la planificación de pasos rápidos y concisos con puntos de ruptura claros es vital. Antes de que el vehículo quede fuera de vista, debe configurarse para un Estado seguro, un Estado en el que exista poco o ningún riesgo de daño adicional o, pérdida de la misión hasta el siguiente período de inspección. Del mismo modo, los próximos eventos orbitales en todos los regímenes deben ser considerados. Para responder a una anomalía del sistema de energía, por ejemplo, es importante tener una mayor conciencia de un próximo eclipse, para el cual el sistema debe estar correctamente cargado y configurado. Si no es posible un Estado de carga suficiente, una respuesta típica sería apagar las unidades no críticas a fin de permitir un tránsito seguro durante el período de eclipse.

Una vez que se hayan considerado todos los factores anteriores, de que se haya construido y lanzado un sistema, y las operaciones en órbita están en marcha, inevitablemente se producirán fallas. En un mundo perfecto, todos los escenarios de fallas han sido bien pensados y se han establecido procedimientos operativos detallados junto con las respuestas apropiadas. En el mundo real; sin embargo, ocurrirán fallas imprevistas e indocumentadas.

Cuando ocurre una falla, el protocolo de respuesta a anomalías entra en vigor. El primer paso en el protocolo es una respuesta inmediata: cualquier acción del operador o confiar en una secuencia de fallas autónoma, requerida para configurar el vehículo a un Estado "seguro". El segundo paso es iniciar un procedimiento de llamada de alertar y solicitar asistencia y soporte de expertos en gestión y sistemas o subsistemas, con base en la firma observada. El tercer paso es establecer la autoridad para la acción: definir quién estará a cargo de las acciones de respuesta y recuperación, que pueden ser la cuadrilla operativa, los expertos de la fábrica, el propietario del sistema u otros. El paso final es comunicar el impacto de la anomalía: determinar cuál es el efecto inmediato en la misión, la duración de la interrupción/impacto proyectado y quién necesita ser informado.

Una vez que un vehículo ha sido "protegido" (configurado en un Estado conocido, puede relativamente permanecer indefinidamente, sin preocupaciones y sin tener en cuenta una segunda anomalía, no relacionada), los operadores pueden comenzar a compilar información sobre el fallo mientras llegan los expertos del sistema. La información útil incluye una línea de tiempo detallada de los eventos que condujeron a la anomalía, el Estado detallado de todos los sistemas en el vehículo antes y después de la falla y, una línea de tiempo de los próximos eventos, como períodos fuera de la vista, un eclipse o conjunciones.

Recuperación y Análisis de Anomalías

Un equipo de respuesta a anomalías debe estar compuesto en general por ingenieros de sistemas de vehículos que estén familiarizados con el funcionamiento detallado del sistema en su conjunto, de especialistas de subsistemas y unidades, que conozcan sobre las complejidades específicas de *hardware y software* de las distintas unidades y, representantes de las partes interesadas o clientes. Si bien todos los grupos de operaciones de satélites tienen sus propios procesos de respuesta, recuperación e investigación de anomalías, la recuperación de anomalías comienza generalmente cuando los ingenieros de sistemas de vehículos reúnen los detalles del escenario y trabajan con especialistas en subsistemas individuales para identificar el comportamiento anormal en todos los aspectos del sistema, tanto antes como después de la falla. Debido a la complejidad de los sistemas espaciales y la amplia variedad de causas potenciales, una causa raíz específica muchas veces no puede atribuirse en el día que ocurre la anomalía. Más bien, las unidades sospechosas se aíslan y mantienen fuera de línea hasta que pueda llevarse a cabo una investigación adicional. En los casos en que las unidades redundantes están disponibles, las operaciones completas pueden restablecerse, realizando un intercambio controlado a una unidad redundante, si aún no lo ha hecho el sistema de fallas a bordo.

En general, hay dos severidades de anomalías principales: críticas y relacionadas con la carga útil. Las anomalías críticas de salud y seguridad afectan los subsistemas de comunicaciones, de energía y térmicos o, controles de orientación y, las anomalías relacionadas con la carga útil pueden afectar la ejecución de la misión prevista, pero no afectan necesariamente la capacidad del vehículo para controlar sus subsistemas. Para las anomalías de seguridad y salud del vehículo, la respuesta de manejo de fallas autónoma debe ser diseñada y probada para establecer rápidamente un control seguro de los sistemas afectados. En estos casos, el equipo de respuesta a anomalías debe concentrar los esfuerzos iniciales en confirmar que el comando autónomo identificó con éxito la falla, ejecutó la secuencia de respuesta adecuada y aisló a las unidades sospechosas. Para anomalías no críticas pero que impactan en la misión, el equipo de anomalías debe concentrar sus esfuerzos en aislar la falla e investigar el mejor camino para restablecer el rendimiento de la misión, tal vez en unidades redundantes o en un Estado degradado si las unidades redundantes no están disponibles.

En un punto del proceso de recuperación y respuesta de anomalías, se debe realizar un análisis completo de la causa raíz. Sin embargo, en la práctica, es muy raro que se pueda determinar una causa raíz definitiva y única. A menudo, el diagrama y las rutas se reducen a varias "causas raíz probables" y varias "causas raíz poco probables" y, el resto, se "exonera". Debido a los desafíos asociados con la identificación remota de fallas a nivel de componente a cientos de millones de millas, con una visión limitada, muchas investigaciones de causas raíz siguen abiertas, documentadas con causas probables, pero no definitivas.

Diagramas de Ishikawa (Fishbone)
Los diagramas espina de pescado o *Fishbone* proporcionan una manera clara y concisa de realizar un seguimiento visual de las investigaciones que tienen múltiples posibles causas fundamentales (Figura 9). Los "huesos" en el diagrama de espina de pescado típicamente incluyen, como mínimo:

- Causas ambientales (por ejemplo, meteorología espacial, escombros, etc.),
- Causas de diseño/piezas/fabricación (hasta cada pieza en la ruta de falla), y
- Causas humanas/operadores. A medida que los aspectos son examinados y eliminados, los huesos en la tabla de espina de pescado pueden ser exonerados. El objetivo de un análisis de causa raíz de inmersión profunda es reducir un diagrama de espina de pescado a un solo hueso que pueda considerarse la "causa raíz determinada".

Independientemente de la determinación absoluta de la causa raíz, las lecciones siempre se aprenden de las anomalías, lecciones que pueden aplicarse a la misión actual, así como a otras en una constelación e incluso en toda la industria.

Por ejemplo, la falla de los cojinetes en una rueda de reacción en un vehículo LEO

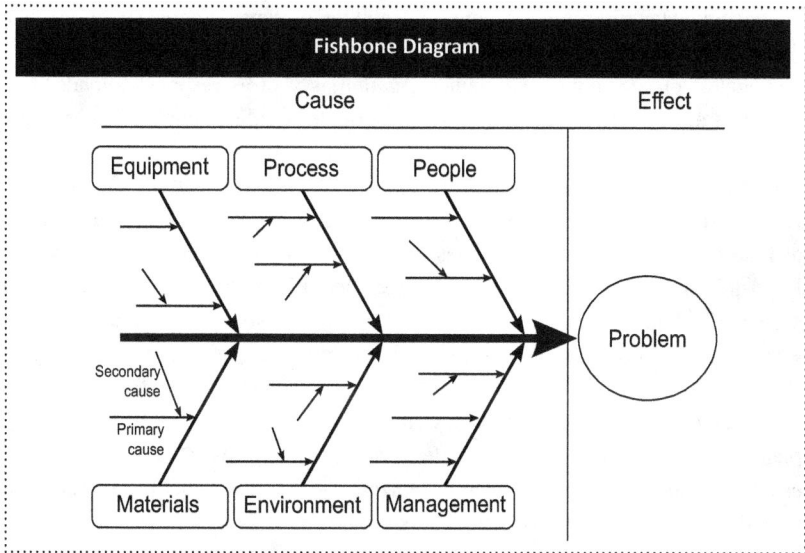

Figura 9 - Diagrama de Ishikawa (Fishbone)
Fuente: https//commons.wikimedia.org

debido a la ruptura del lubricante puede proporcionar una advertencia temprana de problemas potenciales con los giroscopios de momento de control construidos por el mismo proveedor y utilizados en un vehículo diferente y en un régimen orbital diferente. Por lo tanto, documentar, catalogar y mantener la información de fallas es fundamental para el éxito de cualquier programa espacial, al igual que compartir las lecciones aprendidas dentro de la comunidad de operaciones espaciales.

En última instancia, es importante aceptar que las anomalías en órbita ocurrirán durante la vida útil de un vehículo espacial. Estar adecuadamente preparado antes de que ocurran las anomalías y aplicar las lecciones aprendidas después puede reducir drásticamente los impactos en el rendimiento de la misión.

FIN DE LA VIDA ÚTIL

A medida que los satélites alcanzan el final de su vida útil y el cese de las operaciones, es importante que los operadores de satélites eliminen los satélites correctamente. Las regiones de órbita mas utilizadas e importantes ya están congestionadas, en gran parte debido a satélites o etapas de cohetes que se han dejado en esas regiones activas. Cada vez más, hay obligaciones reglamentarias nacionales, obligaciones contractuales, garantías y otras responsabilidades que deben cumplirse durante la fase de finalización de la vida de una misión espacial.

Eliminación después de una Misión

Es importante desechar correctamente los satélites y los vehículos lanzadores al final de la vida útil. Los satélites que no se eliminan adecuadamente tienen la posibilidad de interferir con los satélites operativos y, posiblemente, generar desechos adicionales en órbitas que son útiles y de uso común. Para minimizar este riesgo, el Comité Interinstitucional de Coordinación de Desechos Espaciales (IADC, por sus siglas en inglés), un foro gubernamental internacional de expertos ha creado directrices para que los desarrolladores de misiones las utilicen cuando planifican la eliminación adecuada de naves espaciales. Además, trece naciones están participando en un esfuerzo organizado dentro de la ISO para desarrollar estándares de eliminación de sistemas espaciales.

Preparación de los Vehículos de Lanzamiento y Satélites para el fin de su Vida Útil

Para minimizar el riesgo de que los satélites generen desechos por fallas o anomalías accidentales después de completar las operaciones de la misión, el IADC recomienda que todas las fuentes a bordo de energía almacenada de una nave espacial o etapa orbital de un vehículo de lanzamiento, como combustibles residuales, baterías, recipientes de alta presión, dispositivos autodestructivos y los volantes y ruedas de momento deben agotarse o protegerse cuando ya no sean necesarios para las operaciones de la misión o la eliminación posterior a la misión. Esto se llama pasivación.

La importancia del diseño para la pasivación adecuada se ha demostrado con los más de 40 motores *"ullage"* que han volado en la etapa superior del vehículo lanzador ruso *Proton Block DM* que se separá en órbita. Los motores *"ullage"*, implementados por primera vez en la década de 1980, proporcionan la fase con control de tres ejes durante la costa, y se expulsan de forma rutinaria cuando la etapa *Block DM* se enciende por última vez. Dependiendo del perfil de la misión, los motores *"ullage"* pueden transportar hasta 40 kilogramos de propelente no utilizado. Con el tiempo, el calentamiento solar y otros factores han provocado que decenas de motores exploten, liberando desechos a la órbita. Rusia ha realizado cambios en el diseño para evitar la explosión accidental de los motores en los nuevos modelos de *Block DM*, pero algunos lanzamientos continúan expulsando las unidades.

Documentos Internacionales sobre Limitación de Desechos Orbitales	
Entidad	**Documento**
IADC	IADC-02-01, Rev 1
ISO	ISO 26872, ISO 16699, ISO 16164
USA	Prácticas Estándar de Mitigación de Desechos Orbitales del gobierno de EE. UU.
NASA	NPR 8715.6A, NASA-STD-8719.14
Departamento de Defensa (DoD, por sus siglas en inglés)	DoD Directiva de Política Espacial, 3100.10, AFI 91-217
FAA	Titulo 14, Codigo de Regulacón Federal (CFR) Part 415.39
JAXA	JAXA JMR-003
CNES	MPM-50-00-12
Agencia Espacial Europea (ESA)	Código de Conducta Europeo para la Mitigación de Desechos Espaciales
Roscosmos	Requisitos Generales para los Elementos de Tecnología Espacial en la Mitigación de Desechos Espaciales

Table 8 – International Orbital Debris Limitation Documents

De acuerdo con las directrices de la IADC, la pasivación debe ocurrir tan pronto como el proceso pueda realizarse sin representar un riesgo inaceptable para la carga útil del satélite. Las pautas incluyen lo siguiente:

- Los propelentes residuales y otros fluidos, como los presurizantes, se deben agotar lo más completamente posible, ya sea por quemaduras por agotamiento o ventilación, para evitar rupturas accidentales causadas por sobrepresión o reacción química.
- Las baterías deben estar diseñadas y fabricadas adecuadamente, tanto estructural como eléctricamente, para evitar que se rompan. El aumento de la presión en las celdas de la batería y los ensamblajes se puede prevenir con medidas mecánicas, a menos que estas medidas causen una reducción excesiva de la garantía de la misión. Al final de las operaciones, las líneas de carga de la batería deben estar desactivadas.
- Los recipientes de alta presión deben ventilarse a un nivel que garantice que no se pueden producir rupturas. Los diseños de fugas antes de

reventar son beneficiosos, pero no son suficientes para cumplir con todas las recomendaciones de pasivación de los sistemas de propulsión y presurización. Las tuberías de calor pueden dejarse presurizadas si se demuestra que la probabilidad de ruptura es muy baja.

- Los sistemas de autodestrucción deben diseñarse para que no causen destrucción involuntaria debido a comandos involuntarios, calentamiento térmico o interferencia de RF.
- La energía de los volantes y las ruedas de momento se debe terminar durante la fase de eliminación.
- Se deben evaluar otras formas de energía almacenada y se deben aplicar medidas de mitigación adecuadas.
- La telemetría y otras formas de RF desde el satélite deben estar apagadas.
- Todas las comunicaciones deben estar deshabilitadas.

Eliminación desde Órbitas Geo-síncronas (GSO)

La región geo-síncrona es un área especial de la órbita terrestre. Esto se define como 200 kilómetros por encima y por debajo de la altitud geoestacionaria de 35,786 kilómetros y 15 grados al norte y al sur del ecuador. El mantenimiento de una nave espacial en GEO en la región geo-síncrona requiere un gasto de combustible a lo largo del tiempo para mantener una posición fija en el espacio en relación con la Tierra. Los satélites GEO se eliminan maniobrando la nave espacial hacia el espacio, lejos de la región geo-síncrona protegida. Sin embargo, la decisión sobre cuándo retirar un satélite GEO puede ser una negociación difícil.

Los satélites GEO a menudo enfrentan el agotamiento del combustible antes de que otros subsistemas alcancen el final de su vida útil. Por lo tanto, los operadores a menudo deben tomar la difícil decisión de retirar un satélite que está generando decenas de millones de dólares al año, cuando lo único malo es su bajo nivel de combustible. La compensación de la vida útil se hace más difícil porque los operadores de satélites, que utilizan terminales de usuario de seguimiento de bajo costo recientemente disponibles, pueden optar por realizar operaciones desde una órbita inclinada. En una órbita inclinada, el combustible se gasta a una velocidad muy reducida, ya que se permite que el satélite se desplace dentro de una determinada región del espacio, lo que le permite seguir siendo útil. Sin embargo, existe el riesgo de que otros subsistemas de satélites, que funcionan más allá de su vida útil de diseño, puedan fallar durante operaciones inclinadas, dejando el satélite en una órbita que corre el riesgo de contaminar la región geo-síncrona protegida.

El IADC recomienda cumplir las dos condiciones siguientes al final de la fase de eliminación para describir una órbita que permanece por encima de la región protegida geo-síncrona:

1. Un aumento mínimo en la altitud de perigeo de:

   235 km + (1000 × CR × A/m)

   donde CR es   el coeficiente de la presión de radiación solar

   A / m es   tel área con relación a la masa seca (m2kg-1)

   235 km es   la suma de la altitud superior de la región protegida de la GSO (200 km) y el descenso máximo de una nave espacial orbitada debido a perturbaciones luni-solares y geopotenciales (35 km)

2. Una excentricidad menor o igual a 0.003.

Para minimizar la posibilidad de generar escombros, un sistema de propulsión no debe separarse de una nave espacial GEO. En el caso de que existan razones inevitables que requieran separación, el sistema de propulsión debe diseñarse para dejarlo en una órbita que se encuentre y permanezca fuera de la región geo-síncrona protegida. Independientemente de si está separado o no, un sistema de propulsión debe diseñarse para la pasivación. Además, los operadores de naves espaciales deben diseñar misiones para evitar dejar las etapas orbitales del vehículo de lanzamiento en la región geo-síncrona. La mayoría de los operadores GEO requieren que los fabricantes diseñen por un año más de lo que se requiere para la operación, de modo que el satélite pueda moverse por encima de la órbita geoestacionaria y permitiendo la deriva de la nave espacial en el espacio profundo.

Eliminación Pasando a través de Órbita LEO

Algunos tipos de lanzamientos dejan partes de cohetes u otros fragmentos en órbitas que pasan a través de LEO. A menudo, este es el caso de los lanzamientos para colocar un satélite GEO en una órbita de transferencia geoestacionaria (GTO), un satélite de navegación en la órbita media de la Tierra (MEO), o un satélite en órbitas de Mólniya altamente elípticas. Siempre que sea posible, las naves espaciales o las etapas orbitales que terminan sus fases operativas en órbitas que pasan a través de la región LEO, o que tienen el potencial de interferir con la región LEO, deben ser desorbitadas (se prefiere el reingreso directo), o maniobrar a una órbita con una vida útil reducida. La recuperación es también una opción de eliminación.

Según el IADC, una nave espacial o una etapa orbital debe dejarse en una órbita en la cual, utilizando una proyección nominal aceptada para la actividad solar, la resistencia atmosférica limitará la vida útil de la órbita después de la finalización de las operaciones a 25 años. Si una nave espacial o una etapa orbital se desecha mediante el reingreso a la atmósfera, los escombros que sobreviven para alcanzar la superficie de la Tierra no deben suponer un riesgo indebido para las personas o las propiedades. Para minimizar el riesgo de que los residuos sobrevivan al reingreso, es recomendable diseñar un satélite de manera que resulte en una vaporización completa durante el reingreso. Si eso no es posible y hay una probabilidad mayor de 1 en 10,000 de causar una fatalidad, es necesario realizar un reingreso controlado que deposite los desechos sobrevivientes en regiones deshabitadas, como las áreas oceánicas amplias. Además, la contaminación ambiental del suelo, causada por sustancias radiactivas, sustancias tóxicas o cualquier otro contaminante ambiental que resulte de los artículos a bordo, debe prevenirse o minimizarse para que se acepte como admisible.

En el caso de un reingreso controlado de una nave espacial o de una etapa orbital, el operador del sistema debe informar a las autoridades pertinentes de tránsito aéreo y marítimo sobre el tiempo y la trayectoria de reingreso y el área terrestre asociada.

Reingreso a la Atmósfera y Evaluación de Riesgos

Los diseñadores de naves espaciales deben considerar lo que sucederá con una nave espacial al final de su vida útil. Para los satélites que operan en LEO, es probable que el arrastre atmosférico haga que una nave espacial vuelva a entrar en la atmósfera de la Tierra. Cuando los satélites vuelven a entrar, se desintegran, pero algunos escombros pueden sobrevivir al calor de la reentrada y pueden impactar el suelo y causar víctimas. Desafortunadamente, es muy difícil predecir específicamente dónde impactarán los escombros ya que la densidad de la atmósfera de la Tierra está cambiando constantemente. Se recomienda que los operadores de satélites diseñen naves espaciales que se quemen completamente durante el reingreso.

Si se espera que los escombros sobrevivan al reingreso y causen un riesgo inaceptable de víctimas, es necesario que los planificadores de la misión realicen un reingreso controlado que extienda los escombros sobre áreas deshabitadas de la superficie de la Tierra.

Si se espera que los escombros sobrevivan al reingreso y causen un riesgo inaceptable de víctimas, es necesario que los planificadores de la misión realicen un reingreso controlado que extienda los escombros sobre áreas deshabitadas de la superficie de la Tierra.

Reingreso

Durante el reingreso, la fricción y la compresión generan un inmenso calor cuando un satélite que viaja a más de 29,000 kilómetros por hora ingresa a la atmósfera. Ese tremendo calor puede derretir y vaporizar toda la nave espacial. Sin embargo, si la temperatura de fusión de un componente del satélite no alcanza durante el reingreso, ese objeto puede sobrevivir al reingreso e impactar el suelo. Además del calor y la presión, una nave espacial experimenta inmensas cargas a medida que se desacelera. Estas cargas, que pueden superar los 10 G, o diez veces la aceleración de la gravedad en la superficie de la Tierra, junto con el inmenso calor, hacen que la estructura de una nave espacial se rompa. Los componentes rotos continuarán desacelerándose y, dependiendo de la densidad de la atmósfera en la región de reentrada, pueden alcanzar una velocidad baja en el suelo, prácticamente cayendo directamente desde el cielo. La nave espacial rota debe impactar el suelo a velocidades relativamente bajas, pero aún presenta un peligro para las personas

Acciones de Eliminación al Final de la Vida Útil				
Acciones de eliminación	Subsíncrona GTO	Supersíncrona GTO	Orbitas MEO de Satélites de Navegación	Molniya
25-Desintegración a 25 años	Perigeo menor a ~ 200 km	Perigeo inicial ~ 200 km	No recomendable debido a un grande Delta-V (DV) o al cambio requerido de velocidad	No estudiado, pero bajar perigeo requeriría menos DV
Orbita de eliminación	Entre 2500 km y GEO-500 km. Las etapas superiores de los vehiculos de lanzamiento deben alcanzar GEO-500 km en menos de 25 años	No recomendable	Por confirmar: 1. Perigeo mínimo a largo plazo de 2000 km, apogeo por debajo de MEO. 2. Perigeo 500 km por encima de MEO o región operativa cercana y e <0.003; RAAN y argumento de perigeo seleccionado para estabilidad	Establece el perigeo inicial de la órbita a 3000 km.
Reingreso Directo	Impacto en océano abierto u otra zona segura	No estudiado, pero similar al caso de la Subsíncrona GTO	NO recomendable debido a un grande Delta-V (DV) requerido	Impacto en océano abierto u otra zona segura

Tabla 9 - Acciones de Eliminación al Final de la Vida Útil

y las propiedades en el suelo y un operador de satélites será responsable de los daños causados por los escombros.

Predecir el área exacta donde los desechos impactarán desde un satélite de reingreso al azar es difícil porque el arrastre del objeto es directamente proporcional a la densidad atmosférica, y la densidad de la atmósfera varía mucho a grandes altitudes y se ve afectada, dramáticamente incluso, por la actividad solar. Es posible predecir el tiempo en que comenzará una reentrada dentro de un margen del 10 por ciento del tiempo real. Sin embargo, un minuto de error en el tiempo es equivalente a cientos de millas de área debido a las grandes velocidades de reingreso de objetos.

Alrededor del 10 al 40 por ciento de la masa de un satélite sobrevivirá al reingreso, dependiendo del tamaño, la forma, el peso y la composición del material. El área que atacará se llama huella. Es posible predecir el tamaño de una huella, pero es muy difícil determinar específicamente dónde se ubicará la huella de escombros en la superficie de la Tierra. El tamaño de la huella se determina estimando la altitud de ruptura del hardware del satélite o del espacio y luego modelando la masa y las propiedades aerodinámicas de los desechos sobrevivientes. Las longitudes de la huella varían en tamaño desde aproximadamente 185 kilómetros hasta 2,000 kilómetros, dependiendo de la complejidad y las características del objeto. El ancho de una huella puede verse afectado por los vientos, con la mayor incertidumbre que afecta a los objetos más ligeros. Un ancho de huella de 20 a 40 kilómetros es típico.

Datos Estadísticos de Amenazas en el Reingreso

Si bien la amenaza de impacto para la vida humana y las propiedades de los escombros de reentrada es de importancia, es interesante observar que solo una persona ha afirmado haber sido golpeada por escombros espaciales, y esa persona fue golpeada por un objeto ligero y no fue lesionado. Durante los últimos 50 años, se cree que más de 5,400 toneladas métricas de material sobrevivieron a la reentrada, pero no se han reportado víctimas de los escombros. Incluso se ha calculado que el riesgo de que una persona sea golpeada por escombros reingresados es inferior a 1 en 1 trillón.

Calculando el Riesgo del Reingreso

No existe una definición internacional legal de "riesgo de seguridad inaceptable" para el reingreso. Las directrices de las Naciones Unidas para la reducción de desechos espaciales dejan la definición de riesgo aceptable para las autoridades nacionales. El IADC identifica dos pautas a seguir. Primero, para minimizar la acumulación de desechos orbitales, recomienda que las misiones de satélites dejen un satélite en una órbita que resulte en un reingreso dentro de 25 años. Alrededor del 80 por ciento de las etapas superiores de los cohetes actualmente cumplen con la regla, mientras que solo el 60 por ciento de los satélites están diseñados para disminuir sus órbitas para reingresar dentro de los 25 años. Si bien el cumplimiento no es perfecto, la mayoría de las principales naciones espaciales apoyan la regla de 25 años y están tomando medidas para mejorar el cumplimiento.

Además de la regla de 25 años, el IADC recomienda que, si un satélite tiene una probabilidad de 1 en 10,000 de sobrevivir al reingreso y causar una muerte, este debe ser controlado. Para una pieza de escombros que sobrevive a la reentrada atmosférica, la zona probable de caída de escombros es el área de la sección transversal de escombros promedio más un factor para la sección transversal de un individuo en pie. El área total de víctimas por desechos para un evento de reentrada es la suma de las áreas probable de caída de escombros para todas las piezas de escombros que sobreviven a la reentrada atmosférica. La expectativa total de víctimas humanas es igual al total de áreas probables de caída de desechos multiplicada por la densidad de población promedio para la órbita en particular. Existe una variedad de modelos para calcular la probabilidad de que piezas específicas de un satélite sobrevivan al reingreso, incluido el software de evaluación de escombros de la NASA o su herramienta de análisis de supervivencia de reingreso de objetos de alta fidelidad.

Diseños para su Desintegración

El diseño de desintegración es un método de diseño satelital con el objetivo de garantizar que cada componente de un satélite se destruya completamente durante el calor de la reentrada. Al diseñar para la desintegración, los operadores de satélites pueden evitar tener que realizar un reingreso controlado, lo que puede alargar la vida útil de la misión, reducir el costo de desarrollo y reducir los costos de apoyo en tierra de la misión. Este diseño es un excelente enfoque para garantizar el cumplimiento del umbral de riesgo de 1 en 10,000. La Organización Internacional de Normalización (ISO) está desarrollando estándares (ISO 27875: 2010) que pueden aplicarse en las etapas de planificación, diseño y revisión del desarrollo de satélites para evaluar, reducir y controlar el riesgo potencial que las naves espaciales y vehículos de lanzamiento tienen durante la etapa del reingreso
.

Pronósticos de Reingreso

Los reingresos de naves espaciales son rastreados por sistemas de vigilancia espacial en todo el mundo. La Red de Vigilancia Espacial (SSN) de EE. UU. es el sistema más grande y utiliza sensores de radar y ópticos en varios sitios del mundo para rastrear objetos en el espacio. Los sensores de SSN se pueden usar para determinar la órbita de reentrada de un objeto. Esta información de seguimiento, junto con los datos sobre el cambio de la densidad atmosférica, se utiliza para predecir los reingresos atmosféricos. USSTRATCOM comparte la información de rastreo satelital con otras naciones y con los operadores privados de satélites a través de su Catálogo de Satélites y la página web pública disponible www. space-track.org. USSTRATCOM emite mensajes de Seguimiento y Predicción de Impacto a intervalos que incluyen T–4 días, T–3 días, T–2 días, T–1 día, T–12 horas, T–6 horas y T–2 horas. Las predicciones de reingreso deben actualizarse continuamente a medida que un satélite se acerca a la atmósfera.

Incluso las predicciones realizadas dentro de unas pocas horas de reingreso pueden proyectar una huella de escombros que es incorrecta entre cientos y miles de kilómetros. Por lo tanto, incluso si se espera que una cantidad significativa de escombros sobreviva al reingreso, no es logísticamente plausible evacuar efectivamente las áreas que los escombros podrían impactar.

Planeación de un Reingreso Controlado

Si se espera que partes significativas de un satélite sobrevivan al reingreso y violen el umbral de posibilidad casual de 1 en 10,000, es importante que un diseñador de satélites planifique una reentrada controlada que dispersará los escombros restantes en una parte no poblada del océano. Una reentrada controlada requiere una estrategia de maniobra por satélite que evite posibles colisiones con desechos espaciales u otros satélites. Se debe dejar combustible adecuado en los tanques de un satélite para realizar las últimas quemaduras que cambian la órbita. Los equipos de apoyo en tierra deben estar disponibles para coordinar, realizar y monitorear las maniobras satelitales finales.

ÍNDICE

ÍNDICE Y ABREVIATURAS

| 153

LISTA DE ABREVIATURAS

ADR	Eliminación Activa de Desechos
AEB	Agencia Espacial Brasileña
AMFE	Análisis Modal de Fallos y Efectos
APRSAF	Foro de la Agencia Espacial Regional de Asia y el Pacífico
APSCC	Consejo de comunicaciones satelitales Asia Pacífico
ASI	Agencia Espacial Italiana
BELSPO	Oficina de Política Científica Belga
BSS	Servicio de Radiodifusión por Satélite
CA	Evaluaciones Conjuntas
CCL	Lista de Control de Comercio (EE. UU.)
CCSDS	Comité Consultivo de Sistemas de Datos Espaciales
CD	Conferencia de Desarme (ONU)
CDM	Mensajes de Datos Conjuntos
CFR	Código de Regulaciones Federales
CIJ	Corte Internacional de Justicia
CMR	Conferencia Mundial de Radiocomunicaciones
CNES	Centro Nacional de Estudios Espaciales
CNSA	Administración Espacial Nacional China
CONAE	Comisión Nacional de Actividades Espaciales
CONIDA	Comisión Nacional de Investigación y Desarrollo Aeroespacial (Perú).
COPUOS	Comité de Naciones Unidas para el Uso Pacífico del Espacio Ultraterrestre
COSPAR	Comisión de Investigación del Espacio
CSA	Agencia Espacial Canadiense
CSF	Federación de Vuelos Espaciales Comerciales
CTIM	Ciencias, Tecnología, Ingeniería y Matemáticas
CTI	Ciencia, Tecnología e Innovación
DDTC	Dirección de Control de Comercio de Artículos de Defensa (EE. UU.)
DLR	Centro Aeroespacial Alemán
DoD	Departamento de Defensa (EE. UU.)
DV	Delta-V
EARSC	Asociación europea de empresas de teledetección
EAU	Emiratos Árabes Unidos
EDAC	Capacidad de detección y corrección de errores
EE. UU.	Estados Unidos de América
ESA	Agencia Espacial Europea
ESOA	Asociación de Operadores de Satélites de Europa, Medio Oriente y África
EU	Unión Europea
EUMETSAT	Organización europea para la explotación de satélites meteorológicos
FAA	Administración Federal de Aviación (EE. UU.)

FCC	Comisión Federal de Comunicaciones
FSS	Servicio fijo por satélite
GEO	Órbita geoestacionaria de la Tierra
GEO	Grupo de Observaciones de la Tierra
GNSS	Sistema Mundial de Navegación por Satélite
GPS	Sistema de Posicionamiento Global
GTO	Órbita de transferencia geoestacionaria
HAC	Catálogo de Gran Exactitud
HEO	Órbita terrestre alta
I+D	Investigación y Desarrollo
I&T	Pruebas de integración
IAC	Congreso Internacional de Astronáutica
IADC	Comité Interinstitucional de Coordinación en materia de Desechos Espaciales
IAF	Foro Internacional de Acreditación
IARU	Unión Internacional de Radioaficionados
ICG	Comité Internacional Sobre los Sistemas Mundiales de Navegación por Satélite
IISL	Instituto Internacional de Derecho Espacial
IOT	Internet de las cosas
ISO	Organización Internacional de Normalización
ITAR	Reglamento Internacional de Tráfico de Armas (EE. UU)
JAXA	Agencia Japonesa de Exploración Aeroespacial
JSpOC	Centro de Operaciones Espaciales Conjuntas (EE. UU)
KazCosmos	Comité del Ministerio para la inversión y desarrollo aeroespacial de Kazajistán
LBA	Oficina Federal de Aeronáutica Civil
LEO	Órbita baja terrestre
LSC	Subcomisión de Asuntos Jurídicos
MEO	Órbita Media Terrestre
MEXT	Ministerio de Educación, Deporte, Cultura, Ciencia y Tecnología (Japón)
MIFR	Registro Internacional de Frecuencias
MSIP	Ministerio de Ciencia, Tecnología de la Información y Comunicaciones y Planificación del Futuro (Corea del Sur)
MSS	Servicios Móviles por satélite
MTCR	Régimen de Control de la Tecnología de Misiles
NASA	Administración Nacional de la Aeronáutica y del Espacio (EE. UU.)
NASB	Academia Nacional de Ciencias (Bielorrusia)
NOAA	Administración Nacional Oceánica y Atmosférica (EE. UU)

NOTAM	Información para Aviadores
NSAU	Agencia Espacial Nacional de Ucrania
NSC	Centro Espacial Noruego
NTIA	Administración Nacional de Telecomunicaciones e Información
OACI	Organización de Aviación Civil Internacional
OD	Determinación de órbita
Ofcom	Oficina de Comunicaciones (RU)
OGC	Consorcio Geoespacial Abierto
ONG	Organización no gubernamental
OMM	Organización Meteorológica Mundial
OOSA	Oficina para Asuntos del Espacio Ultraterrestre (ONU)
OST	Tratado sobre el espacio ultraterrestre
PAROS	Programa de prevención de una carrera de armamentos en el espacio ultraterrestre
Pc	Probabilidad de colisión
PCA	Tribunal Permanente de Arbitraje
PNG	Posición, Navegación y Cronometría
RAAN	Ascensión recta del nodo ascendente
REACH	Reglamento de Registro, evaluación, autorización y restricción de sustancias químicas (EU)
REG	Convenio sobre el registro de objetos lanzados al espacio ultraterrestre
RF	Radiofrecuencia
RHUs	Unidades de calor de radioisótopos
Roscosmos	Agencia Espacial Federal Rusa
RTGs	Generadores termoeléctricos de radioisótopos
SDA	Asociación de datos espaciales
SEEs	Efectos de un solo evento
SEUs	Alteraciones por evento único
SFCG	Grupo de Coordinación de Frecuencias Espaciales
SIA	Asociación de la Industria del Satélite
SLR	Mediciones Láser por Satélites
SME	Pequeña y Mediana Empresa
SSA	Conciencia de la situación espacial
SSN	Red de Vigilancia Espacial
STM	Gestión del tráfico espacial
STSC	Subcomisión de Asuntos Científicos y Técnicos (COPUOS, ONU)
SUPARCO	Comisión de Investigaciones Espaciales y de la Alta Atmósfera de Pakistán

SWPC	Centro Nacional de Servicio Climático y Previsiones Meteorológicas
TBC	Por ser considerado
TBD	Por ser determinado
TCBM	Medidas de transparencia y fomento de la confianza
TRL	Niveles de preparación de tecnología
UAS	Sistemas Aéreos no tripulados
UK	Reino Unido
UKSA	Agencia Espacial Británica
ONU	Organización de las Naciones Unidas
UNCITRAL	Comisión de las Naciones Unidas para el Derecho Mercantil Internacional
UNESCO	Organización de las Naciones Unidas para la Educación, la Ciencia y la Cultura
UIT	Unión Internacional de Telecomunicaciones
UIT-R	Sector de Radiocomunicaciones de la UIT
UIT-T	Sector de Normalización de las Telecomunicaciones de la UIT
UNGA	Asamblea General de las Naciones Unidas
UN-GGIM	Comisión de Expertos de las Naciones Unidas en Gestión de Información Geoespacial
UN-SPIDER	Plataforma de las Naciones Unidas de Información Obtenida desde el Espacio para la Gestión de Destres y las Respuestas de Emergencia
USGS	Servicio Geológico de los Estados Unidos
USML	Registro de Municiones de los Estados Unidos
URSS	Unión de Repúblicas Socialistas Soviéticas
USSTRATCOM	Comando Estratégico de Estados Unidos
UTC	Tiempo Universal Coordinado
WTSA	Asamblea Mundial de Normalización de las Telecomunicaciones

www.ingramcontent.com/pod-product-compliance
Lightning Source LLC
Chambersburg PA
CBHW070919270326
41927CB00011B/2640